AF475808

FACULTÉ DE DROIT DE PARIS.

DE L'IMPORTANCE DE LA DISTINCTION DES BIENS EN MEUBLES ET IMMEUBLES

EN DROIT ROMAIN ET EN DROIT FRANÇAIS.

THÈSE POUR LE DOCTORAT

PAR

Auguste-François DOUTRIAUX,

Né à Saint-Amand-les-Eaux (Nord),

Avocat à la Cour impériale de Paris.

PARIS,

IMPRIMERIE DE MOQUET,

92, RUE DE LA HARPE, 92.

1859

FACULTÉ DE DROIT DE PARIS.

DE L'IMPORTANCE DE LA DISTINCTION DES BIENS EN MEUBLES ET IMMEUBLES

EN DROIT ROMAIN ET EN DROIT FRANÇAIS.

THÈSE POUR LE DOCTORAT

L'acte public sur les matières ci-après sera soutenu le Jeudi 14 avril 1859, à 10 heures et demie.

PAR

Auguste-François DOUTRIAUX,

Né à Saint-Amand-les-Eaux (Nord),

Avocat à la Cour impériale de Paris.

Président, M. **DURANTON**, Professeur.

SUFFRAGANTS : MM. **BUGNET**, **PELLAT**, doyen, Professeurs. **BUFNOIR**, **LABBÉ**, Agrégés.

Le candidat répondra en outre aux questions qui lui seront faites sur les autres matières de l'enseignement.

PARIS,
IMPRIMERIE DE MOQUET,
92, RUE DE LA HARPE, 92.
1859

(C)

A MA FAMILLE.

A MES AMIS.

DROIT ROMAIN.

CLASSIFICATION DES CHOSES.

Le mot *chose, res*, dans son sens propre et originaire, signifie tout objet corporel animé ou inanimé considéré comme utile à l'homme. Ce sens, ainsi que celui de tant d'autres mots, a été se développant et a fini par s'appliquer non seulement aux objets corporels, mais encore à des abstractions juridiques, à tous les droits qu'on peut avoir sur ces objets; *rei appellatione*, dit Ulpien, *et causæ et jura continentur*. (D. 1. 23 *de verborum significatione*).

Suivant les époques, suivant les jurisconsultes, et principalement suivant le point de vue sous lequel on les envisageait, les choses ont été divisées, ont été classées de diverses manières par les Romains. Parmi ces classifications, les unes, dont la base était de pure création juridique, ont dû disparaître, dès que cette base elle-même s'est écroulée, minée par le temps et par de nouveaux usages que des textes législatifs ont consacrés ; les autres au contraire fondées sur le caractère naturel et immuables des choses, ont résisté à tous les changements de législation, ont été transmises par l'ancien droit romain au droit du bas-empire, et ont passé à travers les siècles pour arriver jusqu'à nous ; celles-là ne sont pas abandonnées aux caprices du législateur ; elles doivent forcément, fatalement trouver place dans toute législation, quelle qu'elle soit. Cette observation me frappe surtout à propos de la distinction des biens en meubles et immeubles, distinction qui n'était qu'indiquée par les jurisconsultes romains, sans être érigée par eux en classification méthodique, et qui cependant gagnant peu à peu du terrain est arrivée à être dans les temps modernes la division fondamentale des choses.

Avant d'aborder ce qui doit faire le sujet de ce modeste travail, je crois indispensable de jeter un coup d'œil rapide sur les diverses classifications suivies par le droit romain et de faire remarquer l'intérêt de ces distinctions. Ce sera du reste une introduction naturelle et nécessaire à l'étude que nous avons entreprise.

Gaïus, au commencement du second commentaire de ses Institutes, se plaçant à trois points de vue différents, établit trois grandes divisions des choses. La première, la plus importante, selon lui, *summa divisio*, est celle en choses de droit divin et choses de droit humain, *res divini juris, res humani juris;* c'est là, disons nous, la division la plus importante pour le jurisconsulte ; le droit romain se ressent encore de son origine sacerdotale. Tout porte à croire, ainsi que le prouve M. Ortolan dans sa généralisation du droit romain, que cette division remonte à l'époque de la loi des douze tables.

Les choses divines se subdivisent en trois classes : les choses sacrées (*res sacræ*), c'est-à-dire consacrées aux dieux supérieurs, *diis superis consecratæ;* les choses religieuses (*res religiosæ*), c'est-à dire consacrées aux dieux mânes (*diis manibus relictæ*), avec cette différence qu'on peut rendre un lieu religieux par sa seule volonté (*nostra voluntate*) en y transportant un mort, tandis qu'on ne peut rendre un lieu sacré qu'avec l'assentiment du peuple romain *auctoritate populi romani, consecratur lege,* dit d'abord le jurisconsulte, puis il s'empresse d'ajouter : *aut senatusconsulto;* à cette époque le sénat a supplanté le peuple; la troisième subdivision comprend les choses saintes, *res sanctæ,* qui n'appartiennent que par assimilation aux choses de droit divin, *quodammodo divini juris sunt;* telles sont les portes et les murailles des villes.

Les choses de droit humain, continue Gaïus, sont de deux espèces : les choses publiques et les choses privées, *aut publicæ sunt, aut privatæ.*

Le jurisconsulte nous indique ensuite l'intérêt de cette première division : les choses divines n'appartiennent à personne, *nullius in bonis sunt* ; tandis que les choses de droit humain sont le plus souvent dans le patrimoine de quelqu'un ; *plerumque alicujus bonis sunt; le plus souvent,* car dans la seconde classe il est des choses, une hérédité jacente et les choses publiques, qui n'appartiennent à personne. En faisant cette remarque, Gaïus condamne, ce me semble, lui-même, la division qu'il vient de présenter, division peu rationnelle qui ne peut se justifier, comme je le faisais remarquer tout-à-l'heure, que par les origines du droit romain.

La deuxième division est celle des choses corporelles ou incorporelles, *res corporales aut incorporales*; les premières sont celles qui tombent sous nos sens, *quæ tangi possunt*; tels sont un fonds, un vêtement ; les autres ne sont que de pures abstractions n'affectent point nos sens, *tangi non possunt*. Ici se rangent tous les droits, *ea quæ in jure consistunt*, l'usufruit, l'usage, etc.

Si nous rapprochons cette division de ce que nous avons dit en commençant, nous verrons que dans la première branche le mot *res* est pris dans son sens propre et originaire, que la seconde, au contraire, se prend dans son sens figuré et impropre.

Nous ne ferons pas à cette division le reproche que nous faisions à la précédente ; car ici l'intérêt est bien net et bien déterminé. Les choses corporelles sont seules susceptibles de possession, *possideri possunt quæ sunt corporalia* (D. l. 3, *De acquirenda possessione*). Pour les objets incorporels, tels que l'usufruit et les servitudes, il n'y a pas réellement de possession ; mais les jurisconsultes ont fini par admettre une quasi-possession, *quasi-possessio*, qui consiste dans l'exercice du droit et dans l'intention de l'exercer comme maître (D. l. 23, § 2, *ex quib. caus. maj.* — L. 20 *de servit.* — L. 10, *si servit.*).

La tradition n'étant autre chose que la remise de la possession, le même principe fut admis, puis subit la même modification. Ainsi nous trouvons dans Gaïus : *Incorporales res traditionem non recipere manifestum est,* tandis que de nombreux textes du Digeste nous montrent qu'on avait admis une quasi-tradition à l'égard de l'usufruit et des servitudes. D. l. 11, § 1 *De publiciana*. l. 3, pr. *De usuf.* etc.).

Enfin, toutes les choses incorporelles sont *res nec mancipi*, à une seule exception près. (G. C. 2, § 17).

Nous arrivons ainsi à la troisième et dernière division faite par Gaïus, celle des choses en *res mancipi* et *res nec mancipi*. C'est là une classification toute romaine et qui, ainsi que le prouvent d'une manière irrécusable divers textes de Gaïus et d'Ulpien, remonte à la loi des douze tables ; c'est la seule que présente ce dernier jurisconsulte dans les fragments qu'il nous a laissés et dont nous allons donner une courte analyse. Ulpien nous donne la liste des *res mancipi ;* ce sont : les fonds italiques ruraux et urbains, les servitudes rurales sur ces mêmes fonds, les esclaves, et enfin les quadrupèdes qui se domptent par le dos ou par le cou, tels que les chevaux, les bœufs, etc., à l'exception cependant des éléphants et des chameaux. De cette énumération il résulte que, pour qu'une chose soit *res mancipi,* il faut 1° qu'elle ait été connue des anciens Romains, c'est ce qui explique l'exclusion de ces animaux introduits à Rome lors de son agrandissement et de ses conquêtes orientales ; 2° qu'elle ait une grande valeur aux yeux des Romains ; rappelons-nous à cet égard que ce peuple à son origine était agriculteur au moins autant qu'il était guerrier ; 3° qu'elle ait une individualité propre et ne soit pas telle que *altera alterius vice fungatur* ; 4° enfin qu'elle soit corporelle ; à ce dernier point de vue deux exceptions avaient été faites, l'une à l'égard des servitudes rurales, et celle-ci est peut être plus apparente que réelle, au moins à l'égard de la servitude de passage ; car il est vraisemblable qu'à l'origine on considérait celui qui pouvait passer, comme propriétaire de la bande de terre qui était affectée à son usage ; la seconde exception fut faite lorsque les plébéiens pour éluder la nécessité de l'intervention des comices curiates, imaginèrent une nouvelle forme de testament, celle *per æs et libram*, l'universalité des biens des citoyens *familia pecuniaque* fut considérée comme une *res mancipi*.

Toutes les choses qui ne sont pas comprises dans l'énumération que nous venons de donner sont *res nec mancipi*.

Le nom donné à chaque branche de cette classification sert à faire comprendre l'intérêt de la distinction. La mancipation, cet acte solennel qui se passe en présence de cinq témoins et d'un *libripens*, ce mode primitif de transférer la propriété, est seule applicable aux choses appelées précisément pour cela *res mancipi*. Les *res nec mancipi* corporelles ont aussi un mode spécial de translation de propriété, c'est la tradition. Tous les autres modes d'acquisition sont communs aux deux classes de choses.

La matière de la tutelle des femmes nous indique encore deux intérêts de cette distinction, dont le second d'ailleurs est une conséquence du premier. Le droit romain défend à la femme en tutelle d'aliéner les choses *mancipi* sans l'autorisation de son tuteur ; à l'époque de Gaïus, cette prohibition n'existe plus qu'au cas de tutelle légitime. A cette première prohibition, la loi des Douze Tables en avait ajouté une seconde, puisée du reste à la même source ; les choses *mancipi* appartenant à la femme sous la tutelle de ses agnats ne pouvaient être usucapées que dans le cas où elles avaient été livrées avec l'*auctoritas tutoris*; il semble résulter du texte de Gaïus (*comm.* II, § 47), que ce second intérêt n'existait plus de son temps ; à cette époque du reste le principe de la tutelle perpétuelle des femmes allait chaque jour s'affaiblissant.

Le Digeste emprunte à Gaïus ses deux premières divisions ; quant à la troisième, il n'en est plus question ; cette distinction était tombée en désuétude sous l'influence de la substitution du droit des gens au droit civil ; la constitution de Justinien, *De sublata differentia rerum mancipi et nec mancipi*, n'est que la consécration de ce que l'usage avait fait avant lui.

Les Institutes de Justinien adoptent pour division fondamentale celle des choses qui sont dans notre patrimoine, *quæ in nostro patrimonio sunt*, ou qui sont hors de notre patrimoine, *quæ sunt extra patrimonium nostrum*. Dans la première classe rentrent les choses qui appartiennent à des particuliers, *res singulorum* ; on leur donne le nom spécial de *bona* ou quelquefois de *pecunia ;* c'est le droit privé proprement dit qui les règle. Les choses hors de notre patrimoine au contraire sont soumises aux règles du droit public ; elles se subdivisent elles-mêmes en quatre classes : les choses communes, *res communes*, sont celles dont la propriété n'appartient à personne, mais dont l'usage est commun à tout le monde, tels sont l'air, l'eau courante, la mer, etc. ; les choses publiques, *res publicæ*, appartiennent au peuple romain, *sola ea publica sunt quæ populi Romani sunt* (*D.* l. 15, *De verbor. signific.*) ; rigoureusement les citoyens seuls auraient dû en avoir l'usage ; mais on admettait que l'usage en était commun à tous ; tels étaient les ports, les voies prétoriennes ou consulaires, parmi les fleuves ceux que les textes désignent par les mots : *flumina perennia*, etc... Ainsi qu'on le voit, il n'y a pas d'intérêt pratique à distinguer les *res communes* des *res publicæ* ; aussi au Digeste la l. 2 *de divisione rerum* se contente de mentionner les premières sans parler des secondes. A l'égard des *res publicæ*, faisons remarquer qu'il faut distinguer avec soin les choses *in usu publico*, les seules dont nous ayons parlé jusqu'ici, des choses *in pecunia populi;* ces dernières, l'Etat les possédait comme un simple particulier, et elles n'étaient pas comprises dans le sens propre et étroit de l'expression *res publicæ*.

La troisième subdivision comprend les *res universitatis*, c'est-à-dire les choses appartenant à une corporation, à une cité par exemple, tels étaient les théâtres, les stades ; à la cité il faut assimiler les associations régulièrement organisées, autorisées par l'Etat, et qui avaient une personnalité propre, un *corpus*; à Rome on comptait beaucoup de ces corporations. Il faut faire ici la même remarque que précédemment, et distinguer avec soin des *res universitatis* proprement dites, destinées à l'usage commun des membres de la corporation, les choses que la corporation possédait comme un simple particulier, *res in patrimonio universitatis*.

Les *res nullius*, la quatrième classe des choses *extra patrimonium nostrum* ne sont autre chose que celles désignées par Gaïus sous le nom de *res divini juris*, avec cette seule différence que la religion chrétienne a pris la place du paganisme ; il est donc inutile de nous y arrêter. Observons seulement que cette expression *res nullius* est quelquefois prise par les jurisconsultes dans un sens plus large, et désigne alors les choses qui par leur nature résistent à l'appropriation privée. Le plus souvent cette expression indique plutôt le fait que le droit. Dans ce troisième sens, elle s'applique aux choses qui pour le moment n'appartiennent à personne, mais qui deviendront la propriété du premier occupant ; tel est un animal dans sa liberté naturelle. Cette dernière signification a passé dans le langage juridique de notre époque.

DIVISION DES BIENS EN MEUBLES ET IMMEUBLES.

Voilà que nous avons parcouru les diverses classifications des choses faites par les jurisconsultes romains, et nous n'avons pas trouvé celle qui doit faire le sujet de notre étude ; cette division, ainsi que nous l'avons déjà dit, le droit romain ne l'a pas érigée en classification méthodique ; les textes ne la mentionnent que lorsqu'ils sont conduits à en signaler l'intérêt dans telle ou telle matière.

Il y a réellement lieu de s'étonner que cette division, qui paraît forcée, qui saute aux yeux, car elle résulte de la nature des choses, ne se trouve mentionnée ni dans Gaïus, ni au Digeste, ni aux Institutes de Justinien, dans les passages qui ont pour but unique la distinction des choses, qui portent pour titre : *De divisione rerum*. Cette lacune peut, me paraît-il, s'expliquer par cette considération que la classification des choses en meubles et immeubles a paru aux Romains ne comprendre qu'une classe de choses trop restreinte pour lui donner rang parmi les grandes divisions que nous avons parcourues ; nous verrons, en effet, que le droit romain ne comprend sous le nom de meubles et d'immeubles que les choses corporelles.

Quoi qu'il en soit, cherchons à recomposer avec des fragments épars de divers jurisconsultes cette division des choses en meubles et immeubles.

Les immeubles, c'est-à-dire les objets qui par leur nature sont intransportables, sont désignés par diverses expressions; *res quæ soli sunt* (D. l. 11, *De ædilit.*), *edict. quæ solo consistunt* (*frag.vatic.* § 293), *res immobiles* (*Ulp.Reg.* XIX, §§ 6 et 8. *Const. Just. De Episcopis*, l. 49, § 2); plus généralement on leur donne les désignations particulières de *prædia, fundi, ædes.*

Aux meubles on applique les expressions de *res mobiles aut se moventes,* selon qu'il s'agit de choses inanimées ou d'êtres animés. Il est cependant certains textes qui ne font pas cette distinction ; ainsi la loi 93 *De verbor. significat.* met les deux mots sur la même ligne : *moventium, et immobilium appellatione idem significamus;* de même Modestinus dit : *inter moventia fructus habentur* (*D.* l. 5, § 1, *De requirendis vel absentibus.*).

Le droit romain avait laissé aux mots meubles et immeubles leur sens propre; aussi cette division ne doit s'appliquer qu'aux choses corporelles et non aux choses incorporelles qui ne sont que des abstractions juridiques; cependant dans certains cas on considérait comme faisant partie d'un immeuble un droit qui y était attaché ; entre autres exemples, en voici un, que nous fournit le Digeste : un fonds de terre est vendu; à ce fonds était attaché un droit d'acqueduc, Ulpien décide que ce droit passera à l'acheteur, quand même il n'en serait pas question dans l'acte de vente, *si aquæductus debea-*

tur prædio, jus aquæ transit ad emptorem, etiam si nihil dictum sit (D. l. 47 *de contrah. empt.*).

Les jurisconsultes admettaient que des objets mobiliers, soit à cause de leur adhérence à un immeuble, soit à cause de leur destination à son usage perpétuel, devaient être au point de vue du droit considérés comme immeubles eux-mêmes, et suivre celui auquel ils étaient attachés. C'est l'origine des immeubles par destination du droit français. Seulement il faut faire une distinction importante entre les fonds urbains et les fonds ruraux. Pour les derniers, Ulpien nous donne le principe en ces termes : *fundi nihil est, nisi quod terra se tenet* (l. 17 *de action, empt.*) Aussi Pomponius décide que dans le legs d'un fonds *sine instrumento* on doit comprendre les cuves, les pressoirs, les meules à écraser les olives et en général tout ce qui est fixé et attaché au sol, *dolia, molæ olivariæ et prælum et quæcumque infixa inædificataque sunt* (l. 21 *de instruct. vel instrum.*). Ulpien, dans le passage auquel nous faisons allusion, malgré le principe qu'il a posé quelques lignes plus haut, donne à propos des mêmes objets une solution contraire à celle de Pomponius; il penche à les faire rentrer dans l'*instrumentum* du fonds, *quoniam hæc instrumenta magis sunt, etiamsi ædificio cohærent*. Cette divergence entre les deux jurisconsultes s'explique facilement par la différence des points de vue sous lesquels ils envisagent la question; le dernier traite de la vente; le premier au contraire s'occupe des legs, matière où l'on cherchait toujours à donner le plus d'extension possible à la volonté du testateur. Ainsi ne font pas partie du fonds les objets qui n'y adhèrent pas, qui sont susceptibles d'être transportés, *ea quæ moveri possunt*, dit Pomponius; il ajoute cependant *paucis exceptis*. Ainsi au principe posé il y a des exceptions, Ulpien dans le texte déjà cité nous en donne un exemple, *fundo vendito vel legato, sterculinum et stramenta emptoris et legatarii sunt*. Cette exception avait été faite dans l'intérêt de l'agriculture ; ce motif nous amène à faire une distinction avec le jurisconsulte, *si quidem stercorandi agri causa comparatum sit emptorem sequatur, si vendendi venditorem*.

A l'égard des fonds urbains, des édifices, le principe à suivre n'est pas le même que lorsqu'il s'agit des fonds ruraux, Ulpien ne fait à cet égard que répéter la règle posée bien avant lui par Labéon, le chef de la fameuse école des Proculéiens ; ce qui est destiné à l'usage perpétuel d'un bâtiment, fait partie de ce bâtiment, *ea quæ perpetui usus causa in ædificiis sunt, ædificii esse* ; et pour cela il n'est pas nécessaire que ces objets soient fixés au sol ; quoiqu'ils aient gardé physiquement leur caractère mobilier, ils sont considérés comme immobilisés au point de vue du droit, pourvu qu'ils soient placés à perpétuelle demeure : *ædium autem*, nous dit Ulpien, après avoir posé la règle pour le fonds de terre, *multa esse, quæ ædibus adfixa non sunt ignorari non oportet*, et il nous en donne immédiatement quelques exemples, *utputa seras, claves, claustra*. Le même jurisconsulte nous donne une longue énumération des meubles immobilisés par leur destination ; tels sont entre autres, les tuyaux qui amènent l'eau dans la maison, et cela dans toute leur longueur, quand même ils iraient chercher l'eau à une longue distance, *quamvis longe excurrant extra ædificium*, les réservoirs, et leurs couvercles, *castella, opercula*, les colonnes, les statues, par la bouche desquelles jaillit l'eau des fontaines, les tableaux, les bas-reliefs encadrés dans les lambris. En vertu d'un principe posé par Labéon, on considérait comme faisant partie du bâtiment, les matériaux qui n'en étaient déplacés que temporairement, pour reprendre bientôt leur première destination, *ea quæ ex ædificio detracta sunt, ut reponantur ædificii sunt;* mais il en était autrement des matériaux nouveaux assemblés pour construire ou réparer une maison, *at quæ parata sunt,ut imponantur, non sunt ædificii.*

A l'égard de ces objets mobiliers que leur adhérence à un édifice faisait considérer comme immeubles, était intervenue une disposition législative très remarquable, et toute particulière au droit romain.

Un édit de Vespasien, suivi d'un sénatusconsulte, défendait d'enlever aux édifices leurs colonnes et leurs ornements, dans le but d'en tirer profit, *negotiandi causa* (C. l. 2, *de ædif. privat.*). Cette prohibition qui paraît singulière, était fondée sur un motif d'intérêt public, que nous trouvons mentionné dans une autre matière, *ne publicus deformetur adspectus*; aussi recevait-elle des limitations tirées du principe même qui l'avait fait édicter; ainsi celui qui était propriétaire de deux maisons, situées soit dans la même ville, soit même dans deux cités différentes, pourvu qu'elles fussent dans la même province, pouvait transporter des colonnes d'une maison à l'autre, *quoniam utrobique hæc esse publicum decus est* (C. l. 6, *de ædif. privat.*). Diverses dispositions pénales sanctionnent cette défense; ainsi nous trouvons au Digeste (l. 52, *de contrah. empt.*), que si ce marché illicite a lieu, l'acheteur devra verser dans le trésor public, le double de son prix d'achat, et pour le vendeur la peine sera la nullité de la vente ; aussi s'il a reçu le prix, il devra le restituer à l'acheteur. Dans un cas particulier, Constantin édicte une peine singulièrement exagérée ; celui, dit-il, qui aura dépouillé la ville de ses ornements, c'est-à-dire des colonnes et des marbres, pour les transporter à la campagne, sera privé du bien qu'il aura ainsi orné, *privetur ea possessione, quam ita ornaverit* (C. l. 6, *de ædif. privat.*).

Un sénatus-consulte rendu sous Adrien, Aviola et Pansa, étant consuls, développa cette prohibition et l'appliqua aux legs. Nous trouvons à ce sujet au Digeste, quelques détails curieux, qui méritent d'être rapportés ici (l. 41, *De legatis*, 1°).

On ne peut léguer les objets qui sont adhérents à un bâtiment, *ea quæ ædibus juncta sunt*. Qu'arrivera-t-il si les colonnes léguées ont été, postérieurement au testament, dans un cas où par exception ce changement de destination était permis, ainsi que nous le verrons plus bas, si, disons-nous, les colonnes ont été détachées du bâtiment par le testateur ? Si le legs a été fait purement et simplement, nul dès le principe, un événement postérieur ne pourra le valider, *si ab initio non constitit legatum, ex post facto non convalescet ;* c'est une application de la règle catonienne ; mais il en sera autrement si, dans les circonstances ci-dessus indiquées, le legs a été fait sous condition ; auquel cas il n'y a plus d'application de la règle catonienne ; *purum legatum catoniana regula imperat, conditionale non.*

Déterminons maintenant le sens précis de ces expressions du sénatusconsulte, *ea quæ ædibus juncta sunt* ; ces mots comprennent-ils toute la classe des objets auxquels nous avons donné, pour la commodité du langage, le nom moderne d'immeubles par destination ? D'abord, il est hors de doute qu'il faut ranger dans la prohibition, tous les objets fixés au bâtiment *adfixa ædibus, quæ non alias præstari possunt quam ut ædibus detrahantur, subducantur,* tels sont les marbres, les colonnes, les tuiles, les portes, etc... Faut-il y comprendre aussi ces objets qui, sans être fixés au bâtiment, y sont cependant placés à perpétuelle demeure? Le doute serait possible à cet égard, *dubitari potest*, dit Ulpien; mais faisant prévaloir l'esprit du sénatusconsulte sur la lettre de ses expressions, il se décide pour l'affirmative, *mens senatus plenius accipienda est;* ainsi, il fait rentrer dans la disposition, les statues, quoique non fixées aux murs, *parietibus non inhærentes.*

Au principe posé par le sénatusconsulte, on avait fait diverses exceptions. L'intérêt public avait fait édicter la règle; cette règle ne devait donc plus être observée, lorsque ce même intérêt public en exigeait l'inobservation. Une constitution de Sévère avait décidé que la promesse faite par des particuliers de fournir les ornements, les matériaux de leurs propres demeures, pour contribuer à l'érection d'un monument public, *ad opus reipublicæ faciendum*, serait valable et devrait recevoir son exécution; par analogie de motifs, on admit la validité d'un legs fait dans les mêmes circonstances. Seulement, il fallait qu'il fût fait à la cité sur le territoire de laquelle se trouvait l'édifice qui allait être ainsi mutilé. Cette première exception à la règle fut maintenue dans ses termes primitifs; un rescrit de Marc-Aurèle et de Lucius-Vérus refusa à deux particuliers la permission de vendre leurs maisons en détail (*jus distrahendi*), quoique cette demande eût pour but de s'acquitter de leurs dettes envers l'Etat (*ob debitum publicum*).

Une seconde exception avait été faite pour le cas où l'enlèvement pouvait avoir lieu sans nuire au bâtiment, *sine damno, sine domus injuria* (l. 21, § 2, *de legatis* 3°).

Enfin, Ulpien nous signale une troisième exception dans le cas suivant : quelqu'un a élevé une construction sans se conformer aux réglements, *illicite ædificavit;* d'après les constitutions, ce bâtiment doit être démoli ; le propriétaire pourra, dans ce cas, léguer les diverses parties de ce bâtiment, *ea quæ ædibus juncta sunt,* puisque c'est la loi elle-même qui en ordonne la démolition, « cum enim dirui necesse sit, nulla dubitatio est, quin senatusconsultum impedimento non sit » (D. l. II, § 14, *de legatis*, 3°).

L'intérêt de l'agriculture avait fait édicter une prohibition analogue à celle dont nous venons de parler ; lorsque des esclaves étaient attachés à la culture d'un fonds, on ne pouvait les léguer séparément, sans le fonds lui-même, « si quis « inquilinos sine prædiis, quibus adhærent, legaverit, inutile « est legatum » (D. l. 112, *de legatis*, 1°).

Le legs est nul en ce sens qu'il ne sera pas exécuté en nature ; pour savoir s'il faudra en donner l'estimation au légataire on devra s'en rapporter à l'intention du défunt, *ex voluntate defuncti statuendum esse ;* ainsi l'a décidé un rescrit de Marc-Aurèle et de Commode. Cette décision est toute spéciale au cas qui nous occupe et ne me paraît pas, d'après les textes, devoir s'appliquer au legs *eorum quæ ædibus juncta sunt,* dans ce dernier cas le legs est nul, radicalement nul, l'héritier ne doit ni la chose léguée, ni l'estimation, (*Voët.*, *ad Pandectas,* liv. 30, n° 33). Cette différence d'ailleurs peut s'expliquer quand on considère que dans ce dernier cas l'objet légué n'a pas d'existence propre ; il est absorbé par le bâtiment dont il fait partie, on conçoit donc qu'un tel legs soit d'une nullité radicale; mais il en est autrement des esclaves attachés à la culture d'un fonds ; ils ont une individualité propre ; on comprend donc que la loi en restreignant la portée du legs dans un intérêt public, décide cependant que l'estimation en sera due au légataire.

Pour terminer cette introduction, voyons la valeur et le sens de quelques expressions se rapportant à notre matière. Le legs de tous les meubles qu'on avait en un certain lieu, *quæ ibi mobilia mea erunt*, ne comprenait pas, suivant Proculus et Celse, l'argent qui était déposé pour être donné en *mutuum ;* mais ces jurisconsultes faisaient rentrer dans cette expression les écus qui y étaient déposés *præsidii causa*, par mesure de précaution (l. 79, § 1, *De legatis* 3°). Ainsi suivant eux, on devait comprendre dans ce legs tout ce qui était mobilier, à une seule exception près. Paul est loin d'être aussi large dans son interprétation; pour lui, l'or et l'argent ne rentrent dans le legs des meubles, que si cela résulte évidemment de l'intention du testateur, « mobilibus legatis au« rum vel argentum non debetur, nisi de his quoque mani« feste sensisse testatorem possit ostendi (sentent. l. 3, t. 6, § 60).

Lorsque quelqu'un lègue sa maison avec tout ce qui s'y trouve, *cum omnibus quæ ibi sunt*, Paul accorde au légataire, l'argent, les divers ustensiles,les esclaves, etc., *argentum, supellex, mancipia* (l. 86, *De legatis*, 2°) ; mais il lui refuse les créances, dont les titres sont dans la maison, *nomina debitorum*. Nous trouvons le développement de cette restriction dans un fragment de Proculus (D. l. 86 *De legatis* 3°). Lorsqu'un legs, dit ce jurisconsulte, a été fait en ces termes : je lègue ma maison avec tout ce qui s'y trouvera à ma mort, *domum quæque mea ibi erunt cum moriar;* je ne pense pas qu'on doive faire rentrer dans le legs l'argent reçu dans le but de faire un nouveau placement, « nummos ad « diem exactos a debitoribus, ut aliis nominibus collocarentur, « non puto legatos esse. » Puis le jurisconsulte approuvant une distinction faite par Labéon, ajoute que les objets qui se trouvent accidentellement hors de la maison, n'en sont pas moins compris dans le legs, et que par contre le legs ne comprend pas les objets qui se trouvent par hasard dans la maison, « nec quod casu abesset, minus esse legatum, nec « quod casu ibi sit, magis esse legatum. » Javolenus fait l'application de cette idée : « Cui quæ Romæ essent, legata sunt, « ei etiam quæ custodiæ causa in horreis extra urbem repo-« sita sunt, debentur (l. 84 *De legatis*, 3°). » De ces divers textes il résulte que le legs dont nous venons de parler comprend l'argent déposé dans la maison *præsidii causa*. L'article 525 de notre Code civil ne fait pas cette distinction et exclut l'argent comptant du legs d'une maison avec tout ce qui s'y trouve.

Dans les sentences de Paul (liv. III, tit. 6) et au Digeste, *De instructo vel instrumento legato*, nous trouvons de grands développements sur la valeur véritable de certaines expressions telles que celles-ci : *fundus instructus, fundus cum instrumento, domus instructa, supellex*, etc. Nous ne nous arrêterons pas à ces détails et nous aborderons les questions principales qui se rattachent à notre matière.

IMPORTANCE DE LA DISTINCTION DES BIENS EN MEUBLES ET IMMEUBLES.

I. Possession. — Interdits. — Usucapion. — *Furtum.*

1° *Possession.* — Notre but ici n'est pas de traiter à fond cette matière si délicate et si compliquée de la possession, nous ne chercherons même pas à en donner une idée générale, ce qui nous entraînerait trop loin; nous ne ferons qu'examiner les points qui ont un rapport direct et immédiat avec notre matière.

La possession, au point de vue juridique se compose de deux éléments; l'un qui consiste dans un état de fait, qui permet à celui qui possède d'exercer à son gré son empire sur une chose, élément physique et matériel, que l'on désigne sous le nom de *corpus* ou *factum;* le second élément, l'*animus*, c'est l'intention de traiter la chose comme sienne, de faire tourner à son profit tous les avantages qu'on peut en retirer.

Pour acquérir la possession, il faut réunir ces deux éléments indispensables et suffisants. A l'égard de l'*animus*, quelle que soit la nature de l'objet, il n'y a pas de distinction à faire; il n'en est pas de même quand il s'agit du *corpus*, ainsi que nous l'indiquent différents textes du Digeste, dont nous allons donner l'analyse.

Remarquons d'abord, et ceci est applicable aussi bien aux choses mobilières qu'aux choses immobilières, que pour la transmission du *corpus*, il n'est pas nécessaire qu'un contact matériel ait lieu, qu'on mette le pied sur le fonds ou qu'on saisisse avec la main le meuble qu'on veut posséder ; pour acquérir la détention, il suffit que l'on puisse à son gré agir matériellement sur un objet, quoique cette faculté ne se soit pas encore traduite en faits extérieurs ; c'est ce que nous dit Paul : « Non est enim corpore et actu necesse apprehendere « possessionem, sed etiam oculis et affectu » (l. 1 § 21 *de adquir. possess.*).

Pour les immeubles, il faut que les parties soient en présence du fonds, et que la *possessio* soit *vacua*, c'est-à-dire dépouillée de toute entrave qui empêcherait l'*accipiens* de pouvoir exercer des actes de maître. Pour les meubles, on est plus exigeant, la détention ne sera réellement acquise que lorsque l'*accipiens* aura la chose sous sa garde, *sub custodia ;* la présence de l'objet ne suffira pas comme en matière immobilière, et cette différence s'explique facilement, car un meuble étant susceptible de déplacement n'est à proprement parler au pouvoir de quelqu'un, que lorsqu'on a pris les précautions nécessaires pour l'empêcher de s'égarer ou d'être volé. Cette différence incontestablement rationnelle n'est pas mentionnée d'une façon formelle dans les textes, mais elle résulte des lois 3, § 13 et 47 *de adquir. possess. Res mobiles* nous dit Paul, *quatenus sub custodia nostra sint, hactenus possidentur*. Or nous aurons occasion de voir que le droit romain était beaucoup plus exigeant pour l'acquisition que pour la conservation de la possession ; il résulte donc de ce texte par un argument *a fortiori*, que la *custodia* était nécessaire pour acquérir la possession des choses mobilières. Papinien applique cette idée dans la loi 74 *de contrah. empt.*, où il décide que la tradition de marchandises contenues dans un magasin s'opère par la remise des clefs, car alors il est vrai de dire que les marchandises sont *sub custodia emptoris.*

Une chose peut être possédée pour partie comme elle peut être possédée pour le tout. A ce sujet, les textes nous indiquent une distinction à faire suivant la nature mobilière ou immobilière de l'objet : les immeubles peuvent être possédés par plusieurs, soit par parties indivises, soit par parties divises, *regionibus factis;* mais les meubles ne sont susceptibles que d'une possession *pro indiviso* et non d'une division *pro diviso : res mobilis nunquam pro diviso possideri potest* (l. 8 *de rei vindic.*) ; deux personnes en effet ne sauraient posséder un cheval, par exemple, par portions divises, l'une la moitié droite, l'autre la moitié gauche. Et il ne faut pas voir une exception à cette règle dans deux fragments de Paul (l. 19, pr. *comm. divid.*; l. 36 *de servit. præd. urb.*), qui décident que l'arbre ou la pierre placée sur la limite de deux fonds, que la poutre commune à deux maisons contiguës, sont considérés comme communs *pro diviso* entre les deux propriétaires voisins; ces solutions s'expliquent ; car ces objets par leur adhérence à un immeuble sont considérés comme immobiliers; aussi s'ils viennent à en être détachés, il y aura à leur égard communauté *pro indiviso*, conformément à la règle ; c'est d'ailleurs ce que dit le jurisconsulte, « cum « aut lapis exemptus aut arbor eruta vel succisa est, commu- « nis pro indiviso fiet. »

En principe général, la possession se perd lorsque l'un des

deux éléments qui la composent vient à diparaître, l'*animus* ou le *corpus*.

Du moment où il y a perte de l'*animus*, ou plus justement, dès qu'il y a *animus non sibi possidendi*, qu'il s'agisse de meubles ou d'immeubles, la possession est perdue. En est-il toujours de même au cas où il y a perte du *corpus* ?

La règle que la possession se perd *corpore solo*, est fixe et invariable quand il s'agit de meubles. Nous avons vu qu'un objet mobilier, pour être possédé, doit être sous notre garde, *sub custodia*, c'est-à-dire que le possesseur doit exercer une surveillance qui lui permette de se saisir à son gré de la chose, *id est, quatenus, si velimus naturalem possessionem nancisci possumus* (l. 3, § 13, *de adq. poss.*). N'exagérons cependant pas cette idée ; la chose n'en sera pas moins possédée, quoiqu'on n'ait plus actuellement le souvenir de l'endroit précis où elle a été déposée, *nec infirmitatem memoriæ possessionis damnum adferre* (l. 44, *h. t.*), pourvu, toutefois, qu'on arrive à la retrouver par suite d'une recherche plus minutieuse, *diligens inquisitio*.

Si la *custodia* n'a pas été bien faite, si un animal s'est enfui, si un objet s'est perdu sans qu'il soit possible de le retrouver, l'élément matériel, le *corpus* manque ; il n'y a plus de possession, quand même personne ne se serait encore emparé de la chose, « nam pecus simul atque aberraverit, aut « vas ita exciderit ut non inveniatur, protinus desinere a no- « bis possideri, licet a nullo possideatur » (l. 3, § 13, *h. t.*). Cette même loi 3 fait pour l'esclave, *excepto homine*, une exception, dont nous trouvons le développement dans les lois 13 et 47 du même titre. L'esclave fugitif reste la possession de son maître tant qu'un autre ne s'en est pas emparé, *quamdiu nemo alius eum possidere cœperit.* Ulpien donne pour motif qu'on ne peut permettre à un esclave de priver, quand il le veut, le maître de sa possession, *ne ipse nos privet possessione.* Papinien, pour justifier l'exception, dit qu'il peut arriver que l'esclave ait l'intention de revenir, et qu'alors seulement, la possession sera conservée au maître, *homines retinentur, si revertendi animum haberent.* Ce dernier motif me paraît peu concluant ; car on peut supposer l'*animus revertendi*, tout aussi bien à un animal qu'à un esclave.

Pour les immeubles, au contraire, le droit romain arriva à formuler cette règle ; *animo retinetur possessio.* Voyons comment ce principe, admis d'abord en partie seulement, alla ensuite en se développant et finit par être reçu sans contestation par les jurisconsultes, et par être inséré dans le texte des Institutes. On partit de cette idée fort raisonnable, qu'on ne peut exiger du possesseur d'un immeuble, qu'il fasse à chaque instant des actes de jouissance pour en conserver la possession ; aussi décidait-on qu'il n'en resterait pas moins possesseur, quoiqu'il fût momentanément éloigné de l'immeuble ; mais pour qu'il en fût ainsi, il fallait que la possession fût restée *vacua*, que nul n'eût envahi le fonds. Du temps d'Auguste, Labéon décidait que l'usurpateur acquerrait la possession, mais que cette possession serait entachée de clandestinité, *videri eum clam possidere, Labeo scribit* (l. 6, § 1, *de adquir. possess.*), et qu'elle pouvait être attaquée par l'interdit *de clandestina possessione.* Plus tard, pour certaines classes d'immeubles, pour les pâturages d'hiver ou d'été, *saltus hiberni æstivique,* dont l'exploitation n'a lieu qu'une partie de l'année, on décida que l'*animus* seul suffirait en l'absence du *corpus*, pour conserver la possession, malgré l'usurpation d'un tiers, tant que le possesseur ne serait pas averti de cet envahissement. Papinien (L. 46, *h. t.*), professe cette doctrine, que Gaïus nous montre comme dominante, *plerique putant* (C. 4, § 154). Paul restreint toujours la maxime aux *saltus* ; mais Ulpien plus hardi, l'applique à tous les *prædia* sans distinction : « quod vulgo dicitur, æstivorum hibernorumque saltuum nos « possessiones animo retinere, id exempli causa didici Pro- « culum dicere ; nam, ex omnibus prædiis, ex quibus non « hac mente recedimus, ut amisisse possessionem vellemus, « idem est » (l. 1, § 25, *de vi*). L'usurpateur ne commencera à posséder que du moment où il aura repoussé le possesseur, et même alors sa possession pourra être attaquée par l'interdit *unde vi*.

N'exagérons cependant pas la portée de la règle, *animo retinetur possessio*, et n'en concluons pas qu'aucune possession utile ne pourra s'établir sur un immeuble, tant que le possesseur ne connaîtra pas l'usurpation. Tous les textes qui appliquent cette règle supposent que le possesseur n'est absent que momentanément, « qui ad nundinas profectus » (l. 6, § 3, *de adquir. possess.*) ; « donec revertentes non aliquis repellat (L. 25, § 2, *h. t.*) ; « si non derelinquendæ possessionis animo sed postea reversurus. » (Gaïus, C. 4, § 154). Mais si la possession est vacante, si elle est abandonnée par un maître négligent ou absent pendant longtemps, « possessionem, « quæ vel ex negligentia domini vacet, vel quia longo tem- « pore abfuerit » (D. l. 37, § 1, *de usurp.*), elle pourra lui être enlevée, quoiqu'il ait conservé l'*animus*, « si occu- « daveris vacuam possessionem, deinde venientem domi-

« num prohibueris, non videberis vi possedisse » (l. 4, § 28, *de usurp.*).

Justinien abandonna cette distinction si raisonnable, et décida que même dans ce dernier cas, l'envahisseur devrait restituer la possession, à moins qu'il n'y eût prescription trentenaire (C. l. 11, *unde vi*). Ce fut là une confusion entre la propriété et la possession.

2° *Des interdits.* — Parmi les effets principaux de la possession, signalons, en ce qui concerne notre matière, les interdits et l'usucapion ; et d'abord parlons des interdits.

Nous n'avons pas à nous occuper ici de l'origine plus ou moins douteuse des interdits possessoires et des diverses opinions émises à ce sujet ; disons seulement qu'en matière possessoire, l'interdit est un ordre émanant du préteur et ayant pour but de terminer une contestation sur la possession (G. C. IV. § 139). Si l'adversaire se soumet à l'interdit, tout est terminé, *negotium peractum est* ; si au contraire il y contrevient, la contestation devient un procès, dont la solution sera confiée au juge ou aux récupérateurs, *ad judicem recuperatoresve itur* (§ 141).

Des interdits destinés à retenir la possession, *retinendæ possessionis causa*, l'un, l'interdit *uti possidetis* est spécial aux immeubles, l'autre, l'interdit *utrubi* n'est applicable qu'aux meubles; ces dénominations avaient pour origine les premiers mots des formules spéciales à chaque interdit. Le but de ces interdits était de protéger le possesseur actuel contre toutes voies de fait, de nature à troubler la possession sans la faire perdre entièrement; ils étaient applicables, soit lorsque le possesseur poursuivait la réparation du trouble apporté antérieurement à sa possession, soit lorsqu'il demandait à être protégé contre un trouble imminent ; enfin on y recourait aussi, lorsqu'avant de plaider au pétitoire on voulait vider la question du possessoire, pour savoir qui jouerait le rôle de demandeur, et à qui appartiendrait la position bien plus avantageuse de défendeur. Pour pouvoir invoquer ces interdits, il fallait que la possession ne fût entachée ni de violence, ni de clandestinité, ni de précarité, *nec vi, nec clam, nec precario,* non d'une manière absolue, mais seulement par rapport à l'adversaire, *ab adversario* ; à l'égard de tous autres, peu importait que la possession fût vicieuse, « justa enim « an injusta adversus cæteros possessio sit, in interdicto ni- « hil refert » (D. l. 2 *uti possidetis*). La loi unique *utrubi* assimile complètement à cet égard les deux interdits. Voyons maintenant les différences qui les séparent.

Dans l'interdit *Uti possidetis,* applicable seulement aux immeubles, *de fundi vel ædium possessione redditur* (G. C. IV, § 149), celui-là l'emporte qui possède au moment où l'interdit est rendu, « eum potiorem esse prætor jubet, qui eo « tempore, quo edictum redditur, possideat (§ 150). »

Dans l'interdit *utrubi* au contraire, on n'a pas égard à la possession actuelle, mais à celle qui avait duré le plus longtemps pendant l'année qui avait précédé le litige ; si donc dans les douze mois qui viennent de s'écouler, j'ai possédé pendant les sept premiers mois, et vous pendant les cinq derniers, je devrai l'emporter sur vous. Il en serait de même si j'avais possédé pendant deux mois seulement dans le cours de l'année, et mon adversaire pendant un temps moins long, « majore parte anni possedisse quis intelligitur etiamsi duo- « bus mensibus possederit, si modo adversarius ejus aut pau- « cioribus diebus aut nullis possederit » (*D.* l. 156, *De ver-*

bor. signifi.). Et pour arriver à ce résultat, on pouvait invoquer non seulement sa propre possession, mais encore celle de ses auteurs ; il y avait lieu à la jonction de possessions ; c'est ce que nous dit formellement Gaïus : « non solum sua « cuique possessio prodest, sed etiam alterius, quam justum « est ei accedere, velut ejus cui heres exstiterit, ejusque a « quo emerit vel ex donatione acceperit » (§ 151) ; mais pour qu'il y eût lieu à cette jonction de possessions, il fallait que celui qui la réclamait, eût lui-même une possession non vicieuse par rapport à ses adversaires, *nam ei quod nullum est, nihil accedere potest.*

L'interdit *utrubi* faisait donc prévaloir souvent une possession passée sur une possession actuelle, et cependant tous les textes sont d'accord pour le classer parmi les interdits *retinendæ possessionis*. Pour s'expliquer cette contradiction apparente, il faut supposer que par une de ces fictions si familières aux jurisconsultes romains, on considérait comme possession actuelle celle qui s'était manifestée pendant la *major pars anni*.

On conçoit d'ailleurs facilement l'idée sous l'influence de laquelle le préteur avait établi cette différence entre les deux interdits. Les meubles en effet sont susceptibles de déplacement, le possesseur peut en être dépouillé à chaque instant sans le savoir ; or nous avons vu que la possession d'un meuble était perdue dès qu'il n'y avait plus *custodia* ; un motif analogue à celui qui fit admettre pour les immeubles la maxime, *animo retinetur possessio,* fit édicter la disposition spéciale à l'interdit *utrubi* et para ainsi aux inconvénients que pouvait avoir l'application rigoureuse des principes sur la perte de la possession en matière mobilière.

De cette différence radicale entre les deux interdits résultait, à propos de l'application de la loi *Cincia* sur les donations entre-vifs, une conséquence assez curieuse. La loi *Cincia* fixait un taux, *legitimum modum*, que les donations ne devaient pas dépasser, à moins qu'il ne s'agît de certaines personnes exceptées à cause de leur rapports de parenté ou d'alliance avec le donateur. Cette loi avait cela de particulier qu'elle ne prononçait pas la nullité pour ce qui dépassait le taux légal, seulement le donateur pouvait tant qu'il ne s'était pas dessaisi de l'objet, repousser la réclamation du gratifié pour l'excédant par l'*exceptio legis Cinciæ*. Mais du moment où il y avait eu mancipation et tradition, s'il s'agissait de *res mancipi*, tradition seulement au cas de *res nec mancipi*, la donation était inattaquable pour le tout, le donateur ne pouvait plus revenir même sur ce qui avait été fait en contravention à la loi. Cette règle était sans exception en ce qui concernait les choses immobilières, au cas de choses mobilières, le donateur pouvait au moyen de l'interdit *utrubi* rentrer en possession des objets donnés et recouvrer ainsi l'*exceptio legis Cinciæ* (*frag. vatic.* § 311).

Le Bas-Empire, si fécond en innovations, fit disparaître cette différence entre les deux interdits, à une époque qu'on ne peut exactement préciser. Sous Dioclétien, ainsi que le prouvent les *fragmenta vaticana*, § 293, cette assimilation n'était pas encore faite ; Justinien (Institut. *De interdictis*, § 5) en parle comme d'une chose déjà reçue avant lui ; dès lors en matière mobilière comme en matière immobilière celui-là l'emportera, qui possède au moment de l'interdit.

Lorsque le possesseur d'un immeuble en avait été expulsé par la violence, le préteur venait à son secours et lui accordait l'interdit *unde vi*, au moyen duquel il devait être rétabli dans la position où il se trouvait lors de la *dejectio*. En principe, du temps des jurisconsultes, cet interdit ne s'appliquait qu'aux choses immobilières, *hoc interdictum ad res mobiles non pertinere* (l. 1, § 6, *de vi*. *Paul sent. V*, 6, § 5); ou du moins, quand il s'appliquait aux meubles, ce n'était que subsidiairement, dans le cas où ils se trouvaient sur le fonds dont on avait été expulsé, « plane si quæ res sint in fundo vel « in ædibus unde quis dejectus est, etiam earum nomine in- « terdictum competere, non est ambigendum » (*loc. citat.*); c'était là d'ailleurs l'application de ces termes de l'interdit, *quæque ille tunc ibi habuit*. A l'égard de ces objets, il suffisait que le *dejectus* en eût la simple détention, tandis qu'on exigeait qu'il eût la possession juridique de l'immeuble, pour pouvoir exercer l'interdit (l. 1, § 33, ss.) Mais s'il s'agissait de choses mobilières considérées individuellement, le possesseur dépouillé par la violence n'avait pas cette ressource; est-ce à dire qu'il restât sans protection? Ulpien, dans le passage cité plus haut, lui accorde, suivant les cas, l'action *furti*, *vi bonorum raptorum* ou *ad exhibendum*; mais ces moyens de recours ne suffisent pas dans toutes les circonstances pour protéger la possession. Le secours qui ne faillira jamais au possesseur de meubles, ce sera l'interdit *utrubi*; mais sa position ne sera pas entièrement semblable à celle du possesseur d'immeuble, *vi dejectus*. En effet, l'interdit *unde vi* est annal; il peut être exercé avec succès pendant l'année qui suit la *dejectio*, mais il ne peut, en principe, être dirigé que contre le *dejiciens*, et cela sans distinguer si celui-ci est encore nanti ou non de l'immeuble usurpé. S'il s'agit de l'interdit *utrubi*, il faut au contraire distinguer les deux hypothèses; si le *dejiciens* garde le meuble, comme sa possession est entachée de violence à l'égard du *dejectus*, à quelque moment de l'année postérieure à la *dejectio* que celui-ci use de l'interdit, il l'emportera; mais si le *dejectus* se défait aussitôt du meuble, on ne pourra plus diriger l'interdit contre lui, mais seulement contre le tiers-possesseur, et il faudra que le *dejiciens* l'exerce dans les six mois, sinon il sera dépouillé. Cette ressource donnée au possesseur de meubles disparut lorsque l'interdit *utrubi* fut assimilé à l'interdit *uti possidetis*. N'en concluons pas que le possesseur de meubles restera exposé sans défense aux agressions des usurpateurs. Une constitution célèbre des empereurs Valentinien, Théodose et Arcadius, insérée au Code de Justinien (C. l. 7, *unde vi*), édicta des dispositions répressives de la violence, dispositions très-sévères, qui par leur généralité s'appliquent aussi bien aux meubles qu'aux immeubles, *si quis... possessionem rerum... violenter invaserit*. Une double peine est infligée à l'usurpateur : d'abord il doit restituer la possession qu'il a enlevée, *possessionem quam abstulit restituat possessori;* en second lieu, si la chose envahie lui appartenait, il en perdra la propriété, si elle ne lui appartenait pas, il en paiera l'estimation à celui qu'il voulait dépouiller. La constitution se tait sur les moyens à employer par le *dejectus*, pour arriver à la restitution de la possession; les interprètes, et à leur tête M. de Savigny, pensent avec raison, je crois, qu'il faudra employer l'interdit *unde vi*, au cas de meubles comme au cas d'immeubles ; cela résulte de la place de la constitution au titre *unde vi* et de la mention qui en est faite au § 6, *de interdictis* aux Institutes. Concluons de là, que dans le dernier état du droit romain, l'interdit *unde vi* s'appliquait aussi bien en matière mobilière qu'en matière immobilière.

Remarquons cependant que la protection accordée par la constitution au possesseur de meubles ne sera pas toujours suffisante et ne comblera pas dans tous les cas la lacune laissée par la disparition du caractère spécial à l'interdit *utrubi*. Elle ne statue en effet que pour le cas où il y a eu violence : si on ne se trouve pas dans cette hypothèse, il est vrai que le possesseur dépouillé aura le plus souvent l'action *furti ;* mais cela n'est vrai qu'en général, car le possesseur de mauvaise foi ne peut user de ce recours, *furti actio malæ fidei possessori non datur* (D. l. 12 § 1, *De furtis*). D'ailleurs n'arrivera-t il pas le plus souvent que ce recours sera complétement illusoire, lorsque le voleur insolvable, comme cela arrive ordinairement, aura transmis le meuble volé à un tiers.

3° *De l'usucapion et du furtum.* — Occupons-nous maintenant de l'usucapion, et plaçons-nous d'abord à l'époque qui a précédé Justinien. Il y avait en cette matière un double intérêt à distinguer les choses mobilières et immobilières ; les meubles, en quelque lieu de l'empire qu'ils se trouvassent, *ubique*, étaient susceptibles d'usucapion ; les immeubles au contraire ne pouvaient être usucapés que s'ils étaient situés sur le sol italique, *in italico solo*. A l'égard des meubles, le délai pour arriver à la propriété était d'un an ; pour les immeubles, il était du double, sauf cependant quelques cas exceptionnels où le délai était d'un an (G. C. II, § 52 et s.).

Les immeubles provinciaux, à moins qu'ils ne fissent partie d'un territoire auquel on avait concédé le *jus italicum*, n'étaient pas soumis à l'usucapion, *provincialia prædia usu-*

capionem non recipiunt, car n'étant pas susceptibles de propriété proprement dite, puisqu'ils appartiennent à l'empereur ou au sénat, on ne pouvait leur appliquer les modes d'acquérir la propriété. On leur appliquait la *possessio longi temporis*, qui lorsqu'elle s'était prolongée pendant dix ou vingt ans avec juste titre et bonne foi, fournissait en droit strict un moyen de repousser l'action du quasi-propriétaire, mais n'était plus d'aucun secours lorsqu'on était dépossédé ; le droit prétorien améliora cette situation précaire en accordant à ce possesseur une action en revendication utile.

Nous trouvons au Digeste des textes, qui nous disent que la *longi temporis possessio* pouvait être invoquée à l'égard des immeubles italiques et des meubles : « longæ posses- « sionis præscriptionem tam in prædiis quam in mancipiis lo- « cum habere manifestum est. — Rescriptis quibusdam divi « magni Antonini cavetur ut in rebus mobilibus locus sit præs- « criptioni diutinæ possessionis (l. 3 et 9, *De divers. temp.* « *præscrip.*). » Quel intérêt pouvait donc avoir ce possesseur à invoquer la possession de long temps, puisqu'il était devenu propriétaire au bout d'un ou de deux ans ? Cette question nous amène à examiner une des différences principales qui séparaient l'usucapion de la possession de long temps.

L'usucapion ne transférait la propriété d'une chose qu'avec les charges, et particulièrement les hypothèques qui la grevaient ; divers textes l'établissent formellement ; « non mutat « usucapio superveniens pro emptore vel pro herede, quo « minus pignoris persecutio salva sit. (D. l. 44, § 5 *de usurp.* — Loi 1 § 2 *de pign.*). La *præscriptio longi temporis* donnait à celui qui l'invoquait, le droit de repousser les créanciers hypothécaires ; « creditor... præscriptione longi

« temporis a possessore pignoris summoveri potest. » (D. l. 12 *de div. tempor.* — L. 5, § 1 *h. t.* — C. l. 1 *si adv. credit poss.* — L. 19 *de evict.*).

L'usucapion ne faisait pas disparaître en s'accomplissant les servitudes et l'usufruit dont la chose était grevée ; pour arriver à cette extinction, il fallait que le titulaire de ces droits négligeât pendant un certain temps d'en user ; or, comme ce délai était moins long que celui de la possession de long temps, il en résulte que l'intérêt signalé ci-dessus pour le gage et l'hypothèque se présentera rarement ici. Il y avait cependant des cas où celui qui avait usucapé une chose grevée d'usufruit avait intérêt à invoquer la *diutina possessio ;* cela se présentait dans le cas où l'usufruit avait été constitué à terme ou sous condition, et que le terme n'était pas encore arrivé ni la condition accomplie. Cet intérêt se présentera encore lorsque l'usufruit aura été légué *alternis annis;* « si ususfructus a « ternis annis legatur, non posse non utendo eum amitti, quia « plura sunt legata » (D. l. 24 *quib. mod. usufr.*).

Sous Justinien (C. l. unic. *de usucap. transform.*) les deux institutions sont fondues en une seule, qui porte tantôt le nom d'usucapion, tantôt celui de possession de long temps. Cette fusion a fait disparaître une différence que nous avons mentionnée à propos de l'usucapion dans le droit antérieur à Justinien ; l'*usucapio transformata* ne distingue plus entre les immeubles, qu'ils soient ou non situés en Italie, « non solum « in Italia, sed in omni terra, quæ nostro imperio gubernatur. » (Inst. pr.), elle assimile à cet égard les choses immobilières aux choses mobilières. Le délai pour les meubles ne sera plus d'un an, mais de trois ans ; pour les immeubles il faudra dix ans entre présents, vingt ans entre absents ; pour savoir s'il y a présence ou absence, on compare entr'eux, au point de vue de la province qu'ils habitent, le propriétaire qui va être dépouillé et le possesseur qui va acquérir ; il n'y a pas à s'occuper de la situation de l'immeuble comme en droit français. Remarquons que pour les meubles le délai est toujours le même, il n'y a pas à distinguer s'il y a absence ou présence.

Une question aussi importante qu'elle est controversée est celle de savoir s'il faut appliquer à l'*usucapio transformata* les règles de l'usucapion ou celles de la possession de long temps. Je ne mentionne cette controverse que parce qu'il est des auteurs qui, se fondant sur le § 12 des Institutes, dans lequel le rédacteur emploie pour les immeubles l'expression: *diutina possessio* et pour les meubles le mot *usucapio*, en concluent qu'il faudra appliquer aux premiers les règles de la possession de long temps et aux seconds celles de l'usucapion. Mais cet argument tombe si l'on considère que le *principium* du même titre emploie le mot *usucapiantur* comme s'appliquant aux deux classes de biens ; de même Justinien dans sa constitution se sert du mot *usucapio* sans distinguer. Et d'ailleurs, quel motif sérieux pourrait-on donner qui justifiât cette profonde différence? Il n'y a donc pas ici d'intérêt à distinguer entre les meubles et les immeubles, et il faut nécessairement adopter l'une des deux opinions extrêmes, appliquer les règles de l'usucapion ou celles de la possession de long temps, et à cet égard le champ est libre aux conjectures, puisque la constitution de Justinien garde un silence complet sur ce point.

Une autre controverse que nous ne faisons que mentionner comme la précédente, s'est élevée sur le point de savoir si les biens du pupille et du mineur de vingt-cinq ans étaient susceptibles d'être usucapés. La négative est universellement admise en ce qui concerne la prescription de long temps ; mais à l'égard de l'usucapion, la question est vivement débattue; chaque système cite des textes ; il ne nous appartient pas de les examiner; signalons seulement l'opinion intermédiaire émise par Cujas, opinion qui nous intéresse, car elle distingue entre les meubles et les immeubles. Ce jurisconsulte décide que les meubles peuvent seuls être usucapés, en se fondant sur ce que les textes qui admettent l'usucapion supposent qu'il s'agit de biens à l'égard desquels il n'y a pas de *vitium furti*. Cette opinion fondée sur une idée très juste trouve un appui très sérieux dans la constitution qui défend au tuteur d'aliéner les immeubles du pupile sans autorisation du magistrat.

A la matière de l'usucapion se rattache la règle énoncée au § 2 des Instit. *De usucap.* : *Furtivæ res usucapi non possunt*. Mais avant de nous en occuper, il est nécessaire que nous donnions quelques notions du *furtum*.

Le droit romain appelait vol, *furtum*, tout déplacement, tout maniement frauduleux d'une chose, *contrectatio rei fraudulosa;* certains textes ajoutent à cette définition l'idée d'un lucre à faire par le voleur, *lucri faciendi causa*; cette idée de lucre existerait suffisamment, quand même le voleur aurait détourné la chose pour la donner à un tiers (l. 54, § 1, *De furtis*). Les Sabiniens étaient d'avis que le *furtum* pouvait s'appliquer aussi bien aux immeubles qu'aux meubles, mais leur opinion finit par être universellement repoussée et on admit qu'il ne pouvait y avoir de vol qu'à l'égard des choses mobilières (G. C. 2, § 1. Instit. § 7, *De usucap.*).

Le *furtum* était beaucoup plus étendu en droit romain que le vol ne l'est chez nous. Ainsi outre le *furtum ipsius rei*, qui avait lieu lorsque le voleur voulait s'approprier la chose elle-même, il y avait *furtum usus*, lorsque le créancier gagiste ou le dépositaire se servaient de la chose donnée en gage ou déposée : il en était de même dans le cas où le commodataire dépassait les bornes de l'usage à lui concédé, pourvu qu'il eût agi *fraudulenter* (Inst. § § 6, 7, *De furtis*). Le propriétaire lui-même pouvait commettre un vol sur sa propre chose ; il y aura *furtum possessionis*, si le propriétaire reprend frauduleusement la chose donnée en gage (§ 10), ou si se rendant justice à lui même, il reprend l'esclave, qu'un autre possède de bonne foi (G. C. 3, § 200), ou s'il agit de la même façon à l'égard de celui qui a un droit d'usufruit sur sa chose (*D.* l. 20, § 1, *De furtis*). Dans ces exemples où il y a *furtum possessionis*, la chose ne sera pas *furtiva* au point de vue de l'usucapion, car le vice a été immédiatement purgé par cette circonstance, que le vol a été commis par le propriétaire lui-même.

Pour que le *furtum* soit possible, il faut qu'il s'agisse d'une chose qui est possédée par quelqu'un. Ainsi, à l'égard d'un objet faisant partie d'une hérédité jacente, comme en réalité il n'y a ni propriétaire ni possesseur actuel, il ne pourra pas y avoir de *furtum* (Paul Sent., l. 11, tit. 31, § 11). On avait pourvu à cette lacune par une accusation particulière, *crimen expilatæ hereditatis* (D. l. 2, § 1, *Expil. hered*.)

Lorsqu'une chose mobilière (la seule susceptible de *furtum*) avait été volée, elle était frappée d'un vice absolu, qui l'empêchait d'être usucapée ; ce principe établi par la loi des Douze-Tables, avait été développé par la loi Atinia. Les lois Plautia et Julia établirent les mêmes règles pour les choses dont on s'était emparé par violence, *res vi possessæ* ; ces lois avaient surtout pour but de protéger les propriétés immobilières, que la législation antérieure ne garantissait pas.

On conçoit facilement que l'usucapion des meubles dût se présenter bien plus rarement que celle des immeubles. En effet, le *vitium furti* était absolu ; non-seulement il empêchait l'usucapion de s'accomplir chez le voleur, ce qui est évident, puisqu'il n'avait ni juste titre ni bonne foi, mais chez un possesseur quelconque, qui aurait reçu la chose de bonne foi ; or, nous avons vu combien était large l'idée du *furtum* en droit romain. Il pourra cependant se présenter des cas où l'usucapion sera possible ; les Institutes nous en donnent deux exemples ; d'abord celui où un héritier trouvant dans la succession un meuble prêté, loué ou déposé à son auteur et ignorant cette circonstance, l'aurait vendu de bonne foi à un tiers de bonne foi lui-même ; le second cas est celui où l'usufruitier d'une esclave en a vendu le part, que par suite d'une erreur de droit il croyait lui appartenir. Le Digeste nous fournit d'autres exemples analogues : tel est celui où l'héritier apparent a vendu les meubles héréditaires (l. 36, § 1, *de usucap.*), celui encore où une personne croit posséder une *res derelicta* (l. 4, *pro derelicto*). Dans tous ces cas, pas de *furtum*, usucapion possible.

Pour les immeubles, il n'y a vice absolu s'opposant à l'accomplissement de l'usucapion, que s'il y a eu violence pour arriver à la possession. Or, n'arrivera-t-il pas le plus souvent que le *prædo* se mettra en possession de l'immeuble, sans avoir besoin de recourir à la violence, profitant de l'absence ou de la négligence du propriétaire ou de la vacance d'une hérédité. Il est vrai que ce *prædo*, ce possesseur de mauvaise foi ne pourra pas usucaper, mais cette impossibilité n'existera pas pour celui qui recevra la chose de bonne foi. Remarquons toutefois que Justinien, dans sa Novelle 119, a ajouté dans ce cas une nouvelle condition ; ce possesseur de bonne foi qui a reçu l'immeuble d'un possesseur de mauvaise foi, ne pourra prescrire par dix ou vingt ans, que si le propriétaire évincé n'a pas réclamé, quoiqu'il connût ses droits et la vente de la chose; au cas d'ignorance de ce dernier, il faudra trente ans pour prescrire.

Une observation commune aux meubles et aux immeubles, aux *res furtivæ* comme aux *res vi possessæ*, c'est que le vice est purgé si la chose est revenue au pouvoir du propriétaire ; et si elle sort de nouveau de ses mains sans être affectée d'un vice, elle pourra être usucapée. Pour qu'il en soit ainsi, il faut que le propriétaire sache que c'est bien sa chose, dont il recouvre la possession, ce qui n'arriverait pas s'il l'achetait dans l'ignorance que c'est précisément l'objet dont il a été dépouillé (l. 4, § 12, *de usucap.*). Le vice serait aussi purgé si le propriétaire consentait à ce que la chose fût livrée à un tiers, ou s'il avait été indemnisé, si par exemple, sur son action en revendication il avait reçu l'estimation de la chose : « Si vindicavero rem mihi subreptam et litis æstimationem « accepero, licet corporaliter ejus non sim nactus possessio- « nem, usucapietur » (l. 4, § 13).

4° *De l'usufruit*. — Par une association d'idées bien facile à saisir, en quittant l'usucapion, nous nous occuperons pour un moment de l'extinction de l'usufruit par le non usage, *non utendo*. En effet, le droit antérieur à Justinien avait adopté pour l'extinction de l'usufruit *non utendo* les mêmes délais que ceux exigés pour arriver à l'usucapion, un an pour les meubles, deux ans pour les immeubles, (Paul sent. l. III, titre 6, § 30). Justinien étendant ses réformes à la matière de l'usufruit, décida que l'usufruit des meubles serait éteint par un non-usage de trois ans et celui des immeubles par un non-usage de dix ou vingt ans suivant qu'il y avait présence ou absence. Fut-ce là toute la réforme apportée par cet empereur, et ne doit on pas aller jusqu'à dire que le simple non-usage ne suffira pas, mais qu'il faudra pour repousser l'usufruitier, une possession réunissant toutes les conditions requises pour arriver à l'usucapion de l'objet soumis à l'usufruit? Cette opinion semble confirmée par les termes de la constitution 16, § 1, *De usufruct.* : « nisi talis exceptio usu « fructuario opponatur, quæ, etiam si dominium vindicaret, « posset eum præsentem vel absentem excludere. » Deux motifs principaux me décident cependant avec la plupart des interprètes, à repousser cette modification si profonde aux règles anciennes ; si on l'admettait, ce serait implicitement décider que dans la plupart des cas, l'extinction de l'usufruit des immeubles n'aurait lieu que par un laps de trente ans, car le plus souvent ne manquera-t-il pas au possesseur soit le juste titre, soit la bonne foi, or la règle posée par Justinien exige dix ou vingt ans, suivant qu'il y a présence ou absence et non trente ans, « ei decennii vel viginti annorum dedimus « spatium. » D'autre part la const. 13 *De servitut.*, qui assimile entièrement à cet égard l'usufruit des choses immobilières aux servitudes, dit que ces dernières s'éteindront « de-« cennio inter præsentes vel viginti spatio annorum inter ab-« sentes, » sans exiger d'autres conditions. D'ailleurs est-il supposable que Justinien, d'ordinaire si prolixe au moindre changement qu'il apporte aux lois anciennes, se soit montré si réservé et si peu clair lorsqu'il s'agissait d'une modification aussi profonde et aussi radicale que celle qu'on veut lui attribuer. Tout donc nous confirme dans cette idée qu'il a voulu uniquement appliquer à notre matière les délais de l'*usucapio transformata.*

A d'autres points de vue la matière de l'usufruit peut encore nous offrir quelques remarques à faire. Le droit prétorien avait étendu à l'usufruitier les mesures de protection accordées à celui qui avait la possession d'une chose; la quasi-possession de l'usufruitier était protégée comme la possession proprement dite par les interdits *utrubi* et *uti possidetis*, suivant qu'il s'agissait de meubles ou d'immeubles.

Remarquons encore que le quasi-usufruit, c'est-à-dire celui établi sur des choses qui se consomment par l'usage et dont il est question aux Institutes *De usuf.* § 2, et au Digeste, tit. *De usuf. earum rerum quæ usu consumuntur*, ne s'appliquait jamais qu'à des choses mobilières.

Terminons en faisant observer avec Ulpien (D. L. 5, § 2, *De usuf. ear. rer.*) qu'à l'égard des choses, *quæ sunt in abusu*, on assimile entièrement l'usager à l'usufruitier.

II. De la dot.

Dans le principe, tous les objets mobiliers ou immobiliers, que la femme apportait en dot à son mari, devenaient la propriété de ce dernier, qui pouvait les hypothéquer, les aliéner, en un mot, en disposer sans limite. Une première restriction fut apportée à ce droit exorbitant, par l'obligation imposée au mari de restituer à la dissolution du mariage, sinon dans tous les cas, du moins le plus souvent, les objets dotaux en nature ou leur estimation, suivant qu'ils avaient été estimés ou non. Cette obligation fut pendant longtemps dépourvue de sanction, et par suite illusoire, dans tous les cas où le mari devenait insolvable, après avoir disposé à son profit des objets dotaux dont la propriété lui avait été transférée.

Au commencement de l'empire, à cette époque où l'on cherchait par tous les moyens possibles, à raffermir l'union conjugale ébranlée par le débordement des mœurs, parut la loi Julia *de adulteriis*, dont un chef avait pour but de garantir la femme contre l'insolvabilité du mari, de lui assurer en partie du moins, la restitution de sa dot à la dissolution du mariage. A cet effet, on décida que le fonds dotal ne pourrait être aliéné par le mari sans le consentement de la femme, et qu'il ne pourrait être hypothéqué, même avec ce consentement ; car on craignait et avec raison que la femme ne consentît plus facilement à cette aliénation partielle qu'à une aliénation totale, qui l'eût dépouillée irrévocablement. Quoique le Digeste et le Code se servent souvent de l'expression restreinte, *fundus dotalis*, la loi Julia s'appliquait à toute espèce d'immeubles sans distinction, Ulpien nous le dit positivement ; « Dotale prædium accipere debemus tam urbanum « quam rusticum, ad omne enim ædificium lex Julia pertinebit (D. l. 13, pr. *De fundo dotali*).

Il n'y avait pas à distinguer si l'immeuble avait été livré au mari par la femme ou par un autre, au nom de cette dernière (l. 14, § 1), ni pour le cas où le mari étant débiteur d'un fonds envers sa femme, celle-ci se constituait en dot *id quod debet maritus* (l. 9, pr.). On considérait aussi comme dotal le fond légué à l'esclave dotal, « fundus dotali servo le-

« gatus ad legem Juliam pertinet quasi dotalis » (l. 3, pr. L. 19, § 1 *De peculio*).

En quelques mains que passe l'immeuble dotal, il conservera son caractère de dotalité et sera soumis aux dispositions de la loi protectrice, il en sera ainsi dans le cas où une femme sur le point de se marier à Titius, a livré, sur l'ordre de ce dernier, ses immeubles dotaux à Mévius, « dos ejus conditionis erit, cujus esset, si ipsi Titio fundum tradidisset » (l. 14, pr. *De fund. dot.*). Il en sera de même si le *prædium dotale* passe avec les autres biens du mari dans les mains de son héritier, « transit cum suo jure ut alienari non possit » (l. 1, § 1). Même solution si le mari est réduit en esclavage ou s'il devient *servus pœnæ;* ni son maître, ni le fisc ne pourront aliéner l'immeuble dotal ; et dans ce dernier cas on ne s'est pas arrêté devant cette considération que l'Etat est toujours présumé solvable, « quamvis fiscus semper idoneus successor sit et solvendo » (l. 2). Le principe qui domine ces diverses solutions, c'est que la dissolution du mariage n'enlève pas, au point de vue de la loi Julia, le caractère de dotalité à l'immeuble, « etiam dirempto matrimonio dotale prædium « esse intelligitur » (l. 12).

La loi Julia n'enlève pas seulement au mari le droit d'aliéner complétement l'immeuble dotal ; elle lui défend aussi de démembrer la propriété ; ainsi il ne pourra constituer des servitudes sur ce fonds, ni abandonner celles qui existent au profit de ce fonds (l. 5, 6, 7). L'usucapion ne s'appliquait pas au fonds dotal, en ce sens qu'elle ne pouvait commencer à courir après la constitution de dot, car celui qui laisse usucaper, aliène (l. 28, *De verb. signifi.*) ; mais il en serait autrement si l'usucapion avait commencé avant le mariage, « si

« antequam constitueretur fundus dotalis, jam ceperat » (l. 16, *De fund. dot.*).

La prohibition ne s'appliquait qu'aux aliénations volontaires et non aux aliénations forcées ; ainsi, si, par suite du refus du mari de donner la caution *damni infecti*, le voisin est envoyé en possession du fonds dotal, il pourra en devenir propriétaire, « quia hæc alienatio non est voluntaria » (l. 1, pr.) ; de même si le copropriétaire du fonds dotal en provoque le partage et que ce fonds lui soit adjugé, la propriété lui sera acquise par la même raison (l. 78, § 4) ; mais il n'en serait pas ainsi si le partage avait été provoqué par le mari (l. 2, *De fund. dot.*).

Tout ce que nous venons de dire jusqu'ici ne s'appliquait à l'immeuble dotal que s'il avait été livré au mari sans estimation ; mais s'il avait été estimé dans l'intention que l'estimation valût vente, le mari pouvait en disposer comme il l'entendait, il n'était débiteur que d'une somme (l. 11).

La loi Julia et toutes les conséquences que les jurisconsultes en avaient tirées ne s'appliquaient qu'aux immeubles ; à l'égard des meubles dotaux, les pouvoirs absolus du mari restèrent intacts et cela se conçoit par une double raison ; d'abord à cause de la valeur bien moindre des objets mobiliers ; d'un autre côté, une pareille prohibition à l'égard des meubles eût été le plus souvent illusoire à cause de leur facile déplacement et de l'impossibilité de les retrouver ou du moins de constater leur identité.

Justinien ne changea rien aux pouvoirs du mari sur la dot mobilière ; il compléta la disposition de la loi Julia à l'égard des immeubles, en assimilant l'aliénation à l'hypothèque et en défendant qu'elle pût avoir lieu même avec le consentement de la femme, en appliquant enfin ces dispositions protectrices non-seulement aux immeubles italiques mais à tous les immeubles de l'empire (C. l. un. *de rei uxor.* § 15). A ce dernier égard remarquons que la question était déjà controversée sous l'empire de la loi Julia (G. C. 2, § 63).

De cette différence des pouvoirs du mari résultant de la distinction des biens dotaux en meubles ou immeubles, en résultera le plus souvent une autre lorsqu'il s'agira de restituer la dot. Les immeuble s non estimés devront toujours être restitués en nature; quant aux meubles, si le mari en a disposé, il devra leur valeur. Avant Justinien le mari devait restituer les choses , *quæ numero, pondere mensurave constant*, en trois fois d'année en année; il ne s'agissait là que d'une certaine classe d'objets mobiliers; les autres objets dotaux, meubles ou immeubles devaient être restitués sur le champ, *reliquæ dotes statim redduntur* (Ulp. Reg. tit 6 § 8). Justinien d'après les termes de la constitution, semble rejeter en partie du moins la distinction si rationnelle faite par les jurisconsultes entre les quantités et les corps certains; il met d'un côté les choses mobilières et incorporelles, « in rebus mobilibus vel se moventibus vel incorporalibus »; elles doivent être restituées dans le délai d'un an, *intra annum;* la restitution au contraire devait se faire immédiatement, non pas dans tous les cas où il s'agit de corps certains mais seulement s'il s'agit d'immeubles, « cœteris videlicet « rebus quæ solo continentur illico restituendis (C. l. un. § 7 *de rei uxor. act.*). Malgré les termes de ce texte, on pourrait peut être dire que si Justinien ne parle que d'immeubles dans ce dernier cas, c'est que le plus souvent la restitution des objets mobiliers ne s'opérera pas en nature.

III. Intérêts divers.

Nous venons de passer en revue les intérêts principaux de la distinction des biens en meubles et immeubles ; il nous reste maintenant à indiquer rapidement quelques intérêts secondaires, qui sont, comme les premiers, fondés soit sur la nature différente des deux sortes de biens, soit sur cette idée que les meubles ont moins de valeur que les immeubles.

1° *Du tuteur.* — Avant Constantin, le tuteur devait à son entrée en fonctions, vendre les choses sujettes à dépérissement, « res periculo subjectas, quæ tempore depereunt (D. l. 5, § 9, *De adm. et peric. tut.*); et sous ces mots on comprenait non-seulement les meubles en général, mais aussi les immeubles urbains; il n'y avait d'exception que pour les immeubles ruraux et ce qui servait à l'exploitation, *præter prædia et mancipia rustica*. Constantin (C. l. 22, *de adm. tut.*), mit tous les immeubles sur la même ligne, « et domus « et cætera omnia immobilia in patrimonio minorum perma- « neant. » A l'égard des choses mobilières, il n'en prescrit la vente que si elles sont évidemment inutiles au mineur; sinon le tuteur ne pourra les aliéner sans une permission du magistrat.

Le mineur de vingt-cinq ans ne pouvait aliéner, ni hypothéquer ses immeubles sans l'autorisation du magistrat, et il en était ainsi, même lorsqu'il avait obtenu une espèce de dispense d'âge, *venia ætatis*, qui le relevait en principe des incapacités inhérentes à son âge (C. l. 3, *de his qui veniam*).

2° *Modes d'acquérir la propriété.* — Nous avons déjà

parlé de l'usucapion au point de vue restreint qui nous occupe.

A propos de la mancipation, Ulpien nous mentionne aussi une différence entre les meubles et les immeubles : « res « mobiles non nisi præsentes mancipari possunt, et non plures « quam quot manu capi possunt ; immobiles autem etiam « plures simul et quæ diversis locis sunt, mancipari possunt. » (Reg. tit. 19, § 6).

L'occupation, lorsqu'elle s'applique au butin fait à la guerre, nous offre aussi une distinction à noter. Quoique Celse dise d'une façon générale, que les objets pris sur l'ennemi appartiennent toujours au premier occupant : « quæ res hos- « tiles apud nos sunt, non publicæ sed occupantium fiunt » (D. l. 51, § 1, *de adquir. rer. dom.*), on admet cependant sans contestation, sur la foi des historiens et d'autres jurisconsultes, que les immeubles pris sur l'ennemi deviennent la propriété de l'Etat. A l'égard des objets mobiliers, on fait une distinction, on les assimile aux immeubles si le concours de l'armée a été nécessaire pour réaliser le butin ; si, au contraire, un ou plusieurs soldats, dans une lutte individuelle, ont pris des objets à l'ennemi, ils en deviendront propriétaires, d'après les principes de l'occupation.

Les commentateurs du droit romain ont réuni sous le nom d'*accession* certains événements et en ont fait un mode spécial d'acquérir la propriété. Nous n'avons pas à discuter ici la question de savoir si le droit romain reconnaissait un mode d'acquisition *sui generis*, que l'on puisse qualifier d'*accessio*. Constatons seulement que le principe *accessio cedat principali*, entraînait des solutions diverses, suivant que que les deux objets appartenant à des propriétaires différents, étaient tous deux mobiliers, ou que l'un d'eux était un immeuble. Dans le premier cas, les textes nous présentent des résultats différents, suivant qu'il s'agit de spécification, de *commixtio*, de peinture, etc... Si, au contraire, l'un des deux objets est immobilier, ce sera toujours le propriétaire de l'immeuble qui deviendra propriétaire de l'objet mobilier qui vient à y être joint, *superficies, plantæ solo cedunt.*

La propriété des meubles était susceptible de démembrement comme celle des immeubles ; on pouvait avoir sur les uns comme sur les autres des droits d'usufruit, d'usage, d'hypothèque ; mais certains démembrements étaient tout spéciaux aux immeubles, telles étaient les servitudes réelles, « prædiorum servitutes sine prædiis constitui non possunt » (Inst. § 3, *de servit.*) ; tels étaient aussi, comme leur nom l'indique, les droits d'emphytéose et de superficie.

3° *Contrats.* — A l'égard du commodat et du *pignus*, quelques jurisconsultes pensaient que les meubles seuls pouvaient faire l'objet de ces contrats (D. l. 1, § 1, *commodati.* L. 238, § 2, *de verb. signif.*). Mais cette opinion ne fut pas admise, et l'on assimila entièrement à cet égard les immeubles aux meubles.

Le dépôt s'applique t-il aux immeubles? A ne considérer que l'étymologie du mot, *dictum ex eo quod ponitur*, on devrait répondre négativement ; si, au contraire, on s'attache à la définition, *depositum est quod custodiendum alicui datum est*, l'affirmative ne paraîtra pas douteuse, c'est en ce sens que se décide Voët (*ad Pandect. deposit.* § 3), par cette raison qu'on peut aussi bien confier à quelqu'un la garde d'un immeuble que celle d'un meuble ; il raisonne en outre par analogie de ce qui se passe en matière de commodat. Dans cette question, qui, je le confesse, présente assez peu d'intérêt, je pencherai pour la négative, d'abord à cause de l'étymologie du mot *depositum*, puis par cette considération, que dans les textes nombreux du droit romain relatifs à cette matière, il n'est jamais question que de choses mobilières. Le séquestre s'appliquait aux meubles et aux immeubles.

La vente avait été, à certains égards, réglée à Rome par les édiles curules ; en ce qui concerne les vices redhibitoires, l'édit n'était relatif, dans son origine, qu'à la vente de certains objets mobiliers, les esclaves et les bêtes de somme, *mancipia et jumenta ;* mais il fut étendu de bonne heure à toute espèce de choses, ainsi que nous le témoigne Ulpien d'après Labéon, « scribit Labeo ædilitium edictum, de venditionibus rerum esse tam eorum quæ soli sint, quam eorum quæ mobiles aut se moventes (D. l. 1, pr. *de ædil. edict.*).

La rescision de la vente pour cause de lésion, est-elle applicable en matière mobilière? La discussion est assez vive à cet égard entre les anciens interprètes du droit romain. La négative s'appuie sur le texte des deux rescrits de Dioclétien et Maximien (C. l. 2 et 8, *de rescind. vend.*), qui ne parlent que d'immeubles. L'affirmative vers laquelle j'inclinerai, répond que ces rescrits n'ont statué que sur l'espèce soumise aux empereurs, qu'on ne peut donc rien en inférer. D'ailleurs, la loi 2 commence par dire d'une manière générale, *rem majoris pretii ;* n'y a-t-il pas d'ailleurs les mêmes motifs d'accorder la rescision dans les deux cas? seulement, en matière mobilière, la rescision ne sera accordée que si les objets ont une certaine valeur. C'est ainsi que la *restitutio in integrum* n'était pas accordée *propter minimam rem* (D. l. 4, *de in integr.*) Le même principe est souvent exprimé dans les textes (D. l. 8, et suiv, *de dolo*. L. 54, *de contrah. emp.*)

4° *Des délits*. — Parmi les actions qui naissent des délits, nous avons déjà examiné à notre point de vue, celle résultant du *furtum*, délit qui ne s'applique qu'aux choses mobilières. Il en était de même de l'action *vi bonorum raptorum* : « generaliter dicendum est ex quibus causis furti mihi « actio competit in re clam facta, ex iisdem causis habere me « hanc actionem » (Inst. § 2 — *D*. l. 2, § 23, *De vi bon.*).

Des trois chefs de la loi Aquilia, le premier ne s'appliquait qu'à certains meubles, les esclaves et les quadrupèdes, *quæ pecudum numero sunt* ; le troisième chef au contraire ne distinguait pas entre les meubles et les immeubles ; c'est ce qui résulte des termes mêmes de la loi : « Cæterarum re- « rum, præter hominem et pecudem occisos, si quis alteri etc. » (*D*. l. 27, § 5, *Ad leg. Aquil.*) et de textes nombreux du Digeste où il s'agit d'édifices auxquels on a mis le feu et d'autres exemples analogues (l. 27, §§ 8, 9, 10, 11. — L. 49, § 1, etc.).

5° *Des actions*. — Au point de vue de la procédure dans le système des actions de la loi et particulièrement dans l'action *sacramenti*, il y avait intérêt à distinguer certains meubles des immeubles. S'il s'agissait d'objets mobiliers facilement transportables, « mobilia et moventia quæ modo in jus « adferri adducive possunt » (G. C. 4, § 16), on devait les apporter devant le magistrat pour procéder aux formalités préliminaires de l'action *sacramenti*. Si au contraire il s'agissait d'immeubles ou de meubles non facilement transportables, on devait en apporter un fragment *in jus* (§ 17).

Sous l'empire des systèmes formulaire et extraordinaire

nous avons à signaler des différences plus importantes et tenant plutôt au fond qu'à la forme. En droit romain la compétence du magistrat fut pendant longtemps, sans distinction entre les matières réelles et personnelles, déterminée par le domicile du défendeur, « actor rei forum, sive in rem sive in « personam sit actio, sequitur » (*Vatic. fragm.* § 326). Une constitution de Valentinien, Théodose et Arcadius introduisit à ce principe une exception qui a passé dans les législations modernes, la compétence du juge de la situation en matière réelle, « sed et in locis, in quibus res, propter quas conten- « ditur, constitutæ sunt, jubemus in rem actionem adversus « possidentem moveri » (C. l. 3, *Ubi in rem act.*). Malgré la généralité de l'expression employée, *res*, cette règle me paraît ne devoir s'appliquer qu'aux immeubles qui seuls ont réellement une situation ; l'expression identique, *en matière réelle*, employée dans l'art. 59 du Code de procédure est interprêtée par tout le monde avec la même restriction.

Pégase et quelques jurisconsultes pensaient que l'action en revendication d'une chose mobilière ou immobilière ne pouvoit être intentée que contre celui qui avait une possession donnant lieu aux interdits *utrubi* ou *uti possidetis*; mais l'opinion qui prévalût admit qu'on pouvait revendiquer la chose contre le simple détenteur, « puto autem, dit Ulpien, ab omni- « bus qui tenent et habent restituendi facultatem, peti posse » (*D.* l. 9, *De rei vind.*). Une constitution de Constantin modifia cette règle de procédure en ce qui concerne les immeubles ; voici l'analyse de cette loi insérée au Code (l. 2, *Ubi in rem*): celui qui possède au nom d'autrui un immeuble, *rem immobilem*, doit, aussitôt qu'il est sous le coup d'une action réelle, nommer celui au nom de qui il possède, « debet statim in

« judicio dominum nominare. » (C'est ce qu'on appelle ordinairement *laudatio* ou *nominatio auctoris*). Celui-ci sera averti de se présenter dans un certain délai, s'il se présente, il soutiendra le procès comme défendeur ; s'il ne se présente pas, il sera cité trois fois, et si en définitive il ne comparaît pas, le juge, « negotium summatim discutiens », enverra le demandeur en possession de l'immeuble, ce qui le placera dans la position de défendeur, si plus tard le défendeur originaire veut intenter une action. Cette constitution ne s'applique pas aux meubles, à l'égard desquels il faudra suivre le droit antérieur consacré par le texte d'Ulpien cité plus haut.

Le défendeur à une action doit en principe donner caution qu'il restera dans l'instance sans chercher à s'y soustraire, *cautio judicio sisti*. En matière réelle on faisait une exception, et cela se conçoit facilement, en faveur du possesseur d'un immeuble, « sciendum est possessores immobilium rerum satisdare non compelli. » (D. l. 15, *qui satisd cog.*). L'usufruitier d'un immeuble n'était pas compris dans l'exception « eum vero qui tantum usumfructum habet, possessorem non esse, Ulpianus scribit. » (h. l. § 1). Il en était de même du créancier gagiste, quoiqu'il eût la possession au point de vue des interdits, « creditor qui pignus accepit, possessor non est, « tametsi possessionem habeat aut sibi traditam aut debitori « precario concessam (§ 2). »

La question de savoir en quel lieu doit se faire la restitution de la chose revendiquée nous fournit encore une occasion de distinguer entre les meubles et les immeubles. A l'égard des immeubles, pas de difficulté, le lieu de leur situation est forcément celui où doit s'opérer la restitution. En matière mobilière une distinction est nécessaire : si le possesseur est de bonne foi, il devra faire la restitution là où la chose se trouve, *ibi restitui ubi res sit*, il ne sera forcé de la faire au lieu où le procès a eu lieu, *ubi agitur*, que si le demandeur s'offre à payer les frais de transport; quant aux frais de nourriture, s'il s'agit par exemple d'un esclave, ils resteront à la charge du possesseur jusqu'à la restitution, (D. l. 10, pr. *De rei vindic.*). Même solution dans le cas de l'action *ad exhibendum* (l. 11, § 1. *ad exhib.*). On décidera de même quand le possesseur est de mauvaise foi, si la chose est dans l'endroit même où il l'a trouvée ; mais s'il l'a fait porter du lieu où le procès s'est engagé dans un autre lieu, il devra la faire rapporter à ses frais.

Lorsqu'un débiteur avait reconnu sa dette et était condamné, après le délai accordé pour l'exécution volontaire de la sentence, le magistrat pouvait faire saisir une partie des biens du débiteur, qui constituait ainsi une espèce de gage, *pignus prætorium*. Si dans les deux mois le débiteur ne les dégageait pas en payant sa dette, ils étaient vendus au profit du créancier; dans cette saisie et cette vente du gage le préteur devait suivre un certain ordre, d'abord les meubles, en cas d'insuffisance les immeubles et après ceux-ci, les droits, *jura* (D. l. 15, § 2, *De re judicata*).

Me voici arrivé au bout de ma tâche ; je n'ai certes pas la prétention d'avoir énuméré, sans en omettre aucun, tous les intérêts que le droit romain présente au point de vue de la distinction des meubles et des immeubles ; mais je crois avoir passé en revue les principaux et en avoir dit assez pour prouver que cette distinction avait une importance plus grande qu'on ne semble le croire généralement.

DROIT FRANÇAIS.

DE LA DISTINCTION DES BIENS.

Le Digeste et les Institutes dans leurs classifications aux titres, *de divisione rerum*, embrassaient tout ce qui existe au point de vue de l'utilité de l'homme. Le Code Napoléon dans le titre, *de la distinction des biens*, n'embrasse pas un aussi vaste domaine ; il ne traite pas des choses en général, mais seulement des biens, de l'espèce et non du genre, des choses qui sont susceptibles de procurer à l'homme une utilité exclusive et qui peuvent entrer dans son patrimoine.

La seule division établie d'une façon explicite par le droit moderne est précisément celle que le droit romain avait rejetée de ses classifications et dont il n'admettait les conséquences que par la force des choses. Ce n'est pas à dire pour cela que le Code Napoléon ait complétement abandonné les divisions romaines et qu'il n'admette aucune autre distinction que celle établie dans l'art. 516. Ainsi des diverses dispositions de la loi résultent des différences notables entre les biens corporels et incorporels, les biens considérés comme formant un objet particulier ou une universalité, etc., etc... Mais nous nous attacherons uniquement à la division qui est fondamentale aux yeux des rédacteurs du Code; le sujet d'ailleurs est assez vaste; et avant de nous occuper de l'importance de la distinction des biens, nous allons d'abord bien déterminer ce que la loi entend par un meuble et par un immeuble.

« Tous les biens sont meubles ou immeubles. » (Art. 516.) C'est là une division générale qui comprend tous les biens de quelque nature qu'ils soient, mais qui ne comprend que les biens: d'où la conséquence que dans cette division ne rentrent pas certains droits, tels que les droits de puissances maritale et paternelle. L'idée fondamentale de la distinction faite par l'art. 516 repose sur la nature même des biens : les immeubles sont les biens qui ne peuvent être transportés d'un lieu à un autre, les meubles au contraire sont ceux qui sont susceptibles de déplacement; ces mots dans leur sens propre ne s'appliquent qu'aux objets corporels; il ne devrait donc y avoir qu'une seule classe de meubles et d'immeubles. Mais le législateur pour faire rentrer dans ses classifications tous les biens et pour d'autres causes, que nous aurons à mentionner, a été amené à attribuer fictivement à des biens un caractère qu'ils n'ont pas réellement et à créer diverses subdivisions que nous allons parcourir.

I. Des immeubles.

Le Code, dans l'art. 517, reconnaît trois espèces d'immeubles, par leur nature, par leur destination, par l'objet auquel ils s'appliquent ; nous ajouterons pour compléter la liste, les immeubles par la détermination de la loi.

1° *Immeubles par leur nature.* — Les immeubles par leur nature sont : 1° les fonds de terre ; 2° les bâtiments ; 3° les moulins à vent ou à eau, fixes sur piliers ou faisant partie du bâtiment ; 4° les récoltes pendantes par les racines et les fruits des arbres non encore recueillis ; 5° les bois de toute espèce, taillis ou futaies, mis ou non en coupes réglées, tant qu'ils sont encore sur pied ; 6° les tuyaux servant à la conduite des eaux dans une maison ou un autre héritage.

Voyons avec quelques détails chacune de ces six catégories.

Les fonds de terre sont à proprement parler, les seuls immeubles par leur nature ; les bâtiments sont formés de matériaux, qui considérés individuellement sont essentiellement mobiliers et qui ne deviennent immeubles qu'en s'incorporant avec le sol, *omne quod solo inœdificatur, solo cedit.* Pour qu'un bâtiment soit immeuble par sa nature, il faut qu'il présente cette condition d'adhérence physique et d'incorporation, qui en fasse désormais un accessoire du sol ; ainsi on ne range pas dans cette classe les constructions qui sont simplement posées sur le sol, sans fondement ni pilotis, comme une boutique ou une barraque construites pour être enlevées après la foire, à l'occasion de laquelle on les a placées.

Lorsque le bâtiment présente les conditions nécessaires pour être considéré comme un immeuble par sa nature, il n'y a pas à se demander quel a été le constructeur, à qui appartiennent les matériaux, que ce soit le propriétaire ou un tiers possesseur quelconque, que le constructeur se soit ou non servi de ses matériaux, peu importe au point de vue de l'immobilisation; sauf dans le dernier cas la question d'indemnisé, qui est réglée par les art. 554 et 555.

L'immobilisation résultant de l'accession, l'effet doit cesser avec la cause ; aussi l'art. 532 déclare meubles « les matériaux provenant de la démolition d'un édifice » ; mais il n'en serait pas ainsi dans le cas où les matériaux seraient momentanément détachés de la maison pour cause de réparation, « ea quæ ex ædificio detracta sunt ut reponantur ædi-« ficii sunt », dit la loi 17 § 10 D. *de act. empt. et vendit.*; Pothier suivait la même doctrine (*De la communauté* n° 62). L'art. 532 n'a évidemment pas voulu déroger à cette doctrine, qui est d'ailleurs parfaitement raisonnable ; lorsqu'il y a démolition, il n'y a plus de principal, il ne peut donc plus y avoir d'accessoire ; mais lorsque l'édifice est encore debout, on conçoit très bien que les matériaux détachés momentanément pour y être replacés, conservent leur caractère immobilier et soient considérés comme l'accessoire du bâtiment. Pothier décidait qu'au cas de démolition, les matériaux conservaient leur qualité d'immeubles tant qu'ils pouvaient paraître destinés à la reconstruction de la maison ; mais cette opinion est aujourd'hui universellement repoussée par les auteurs et par la jurisprudence (Lyon 23 déc. 1811) ; le texte de l'art, 532 ne permet pas cette distinction, qui d'ailleurs serait la source de bien des difficultés dans la pratique. Terminons ce que nous avons à dire maintenant des bâtiments en faisant remarquer avec l'art. 532 2° que les matériaux assemblés pour construire un édifice sont meubles tant qu'ils n'ont pas été employés par l'ouvrier dans la construction.

Sont aussi immeubles par leur nature les moulins à vent ou à eau, fixes sur piliers ou faisant partie du bâtiment. Une seule de ces deux conditions est nécessaire, et pour faire cette correction au texte de l'art. 519, je me sers de l'art. 531, qui est formel à cet égard ; nous donnerons aussi la même qualité à une usine quelle qu'elle soit, car l'art, 531 après avoir parlé des moulins ajoute : « et généralement toutes usines. » La disposition des art. 519 et 531 semble inutile et elle le serait en effet si elle n'avait pour but de déroger à l'ancien droit, qui, ainsi que nous l'atteste Pothier (*De la communauté*, n° 37), considérait les moulins comme immeubles par destination et qui par suite exigeait, pour leur accorder le caractère immobilier, qu'ils eûssent été placés par le propriétaire. Le Code reconnaît comme immeubles par leur nature les moulins et autres usines fixées sur piliers ou faisant partie du bâtiment, et pourvu qu'une de ces conditions soit remplie, il n'y a pas à distinguer quel a été le constructeur, quoiqu'en ait dit Delvincourt et Toullier. Si l'usine est établie sur un cours d'eau, il n'y a point à distinguer, au point de vue de l'immobilisation, si la rivière est flottable, navigable ou non; seulement dans le premier cas, le propriétaire de l'usine aura la propriété d'un immeuble édifié sur le sol, sans être propriétaire du sol lui-même ; c'est ce que la cour de Caen a décidé à l'égard des pêcheries et salines établies en vertu d'une concession du gouvernement, sur les rivages de la mer (3 avril 1824).

« Les récoltes pendantes par les racines, dit l'art. 520, et les « fruits des arbres non encore recueillis sont pareillement im« meubles. » Leur adhérence au sol est une cause indispensable mais suffisante pour les immobiliser. L'art. 520 ajoute : « Dès que les grains sont coupés et les fruits détachés, quoi« que non enlevés, ils sont meubles ; si une partie seulement de « la récolte est coupée, cette partie seule est meuble. » A première vue on pourrait s'étonner d'entendre le législateur énoncer des propositions aussi évidentes, car les récoltes et les fruits n'étant immeubles que par leur union avec le sol, il s'en suit nécessairement, que du moment où cette union cesse, de quelque manière que ce soit, ils deviennent meubles immédiatement. Le rédacteur a eu cependant raison de s'exprimer d'une façon aussi formelle ; car les récoltes et les fruits étant destinés à être séparés de la terre à une époque déterminée, on aurait pu penser que l'échéance de cette époque suffisait pour les mobiliser, abstraction faite de toute séparation ; et on aurait été d'autant plus porté à suivre cette idée que dans l'ancien droit certaines coutumes le décidaient ainsi : « il y en a, dit Pothier, qui réputent meubles les foins à la « mi-mai, les blés à la Saint-Jean, les raisins au mois de sep« tembre. » (*Des choses*, p. 11, § 1).

Les mêmes motifs ont dicté au législateur l'art. 521 ainsi conçu : « Les coupes ordinaires des bois taillis ou de futaies « mises en coupes réglées ne deviennent meubles qu'au fur « et à mesure que les arbres sont abattus. » L'article ne parle ni des coupes extraordinaires, ni des bois non mis en coupes réglées, car à cet égard il ne pouvait y avoir de doute, et on ne pouvait être tenté de déroger à la règle qui immobilise les arbres tant qu'ils sont adhérents au sol.

Les coutumes de l'ancien droit, dont nous venons de parler, repoussées par les art. 520 et 521, ont laissé un vestige dans le Code de procédure qui admet la saisie-brandon, c'est-à-dire une voie d'exécution qui permet de saisir comme objets mobiliers et indépendamment du fonds, les fruits encore pendants par racines, dans les six semaines qui précèdent l'époque de leur maturité (art. 626 et suiv. C. de pr.).

Cette dérogation au Code Nap. est fondée aussi bien sur l'intérêt du débiteur, auquel elle épargne les frais plus considérables d'une saisie immobilière, que sur celui du créancier, qui évite ainsi les longueurs et les difficultés de cette expropriation. Malgré les termes restrictifs de l'art. 626, les auteurs sont généralement d'accord pour appliquer la saisie-brandon à tous les produits périodiques quelconques de la terre, et même aux bois mis en coupes réglées.

En principe, sauf cette dérogation de procédure, les arbres tant qu'ils sont adhérents au sol, sont immeubles par leur nature ; à l'égard des arbres des pépinières, il faut faire des distinctions. Seront meubles les arbres des pépinières appartenant à un fermier, car en plaçant ces arbres en dépôt dans le sol, il n'a pas entendu les y incorporer. Les auteurs discutent dans le cas où le pépiniériste est en même temps propriétaire du sol ; parmi les diverses opinions émises à ce sujet, j'adopterai celle émise par M. Duranton et à laquelle se rallie M. Demolombe : seront meubles les arbres des pépinières qui ont été séparés du sol qui les a produits et placés momentanément en dépôt dans un autre sol, en attendant la vente ou une autre destination ; seront immeubles par leur nature, non-seulement les arbres qui tiennent encore au sol qui les a produits, mais encore ceux qui en ayant été séparés ont été placés dans un autre lieu pour s'y fortifier.

La dernière catégorie des immeubles par nature comprend, d'après l'art. 523, les tuyaux servant à la conduite des eaux dans une maison ou autre héritage. Des auteurs très-sérieux, parmi lesquels il suffit de citer MM. Demante et Toullier, veulent ranger ces objets parmi les immeubles par destination ; mais je ne saurais adopter cette manière de voir. Il est vrai que l'art. 523 se trouve placé entre deux articles qui ont trait aux immeubles par destination ; mais la rédaction de cet article doit l'emporter sur la place qu'il occupe ; or, ne dit-il pas formellement que ces tuyaux font partie de l'héritage auquel ils sont attachés, sans distinguer s'ils ont été ou non placés par le propriétaire ; n'est-ce pas là une conséquence de la règle : *omne quod inædificatur solo cedit ?* D'ailleurs si la loi eût voulu les ranger dans la classe des immeubles par destination, elle aurait ajouté un alinéa à l'art. 524 à cet égard, et n'aurait pas fait une disposition spéciale complétement inutile dans le système que nous combattons.

Nous ne quitterons pas la matière des immeubles par nature, sans examiner au moins sommairement une question aussi vaste qu'elle est délicate : les immeubles par leur nature ne peuvent-ils pas être sous certains rapports et à l'égard de certaines personnes, considérés comme des meubles ? Nous avons déjà vu une application de cette idée dans la saisie-brandon, qui à un certain point de vue traite comme meubles des objets que l'art. 520 range dans la classe des immeubles. Et il en sera ainsi toutes les fois qu'un immeuble par nature sera envisagé, non pas dans son état actuel, dans son union avec le sol, mais dans l'état futur et dans l'individualité distincte que lui donnera la séparation qui doit l'en détacher.

Ainsi nous considérerons comme mobilier le droit de l'acheteur d'une récolte sur pied ; c'est pour cela que la loi fiscale ne soumet qu'au droit de 2 pour 100 « les ventes de « récoltes de l'année sur pied, coupes de bois taillis et de « haute futaie. » (L. 22 frim., an VII, art. 69, § 5, n° 1).

La loi du 5 juin 1851 a consacré le même principe, en décidant, contrairement à la jurisprudence de cette époque, que les commissaires-priseurs, huissiers et greffiers de justice de paix, pourraient aussi bien que les notaires, procéder aux « ventes publiques volontaires de fruits et de récoltes pen- « dants par racines, et des coupes de bois taillis. » Des termes et de la discussion de cette loi, il résulte que les ventes publiques des coupes de bois de haute futaie, ne peuvent être faites que par les notaires ; mais il n'en faut pas conclure pour cela qu'elles soient immobilières ; elles sont mobilières comme les autres, ainsi que l'a reconnu la jurisprudence (Cass. 8 sept. 1813. — 4 avril 1827).

Il faut aussi considérer comme mobilières : la vente de matières minérales non encore extraites, mais destinées à l'être, même jusqu'à l'entier épuisement (Cass. 29 mars 1816. — 12 août 1833, 11 janvier 1843) ; — la vente de constructions quelconques faite sous la condition de les démolir (Cass. 12 mai 1824). La cour de cassation a même décidé que la vente séparée des objets adhérents au sol, sous la condition d'en être détachés, ne cessait pas d'être mobilière par suite de la circonstance que l'acquéreur de ces objets avait acquis postérieurement le sol lui-même, et que la séparation n'avait pas eu lieu (17 janvier, 4 avril 1827).

Dans ces divers cas le droit de l'acheteur est incontestablement un droit mobilier ; devons-nous aussi considérer la vente comme mobilière par rapport au vendeur, et cette question, ainsi que nous le verrons dans la suite, a une grande importance, car la loi en défendant à certaines classes de personnes les aliénations immobilières, leur laisse la libre disposition de leurs meubles. A cette question nous répondrons par une distinction : s'il s'agit des produits annuels ou périodiques de la terre, nous en considérerons l'aliénation comme mobilière, et par suite comme permise à ces personnes dont la loi restreint la capacité, car c'est là un acte d'administration ; mais s'il s'agit par exemple de bâtiments ou de futaies non mises en coupes réglées, nous refuserons le droit de vendre ces objets à celui qui ne peut aliéner ses immeubles ; sinon on arriverait par un moyen détourné à éluder la protection de la loi, qui d'ailleurs en défendant l'aliénation d'un immeuble, a entendu aussi prohiber celle d'une partie intégrante de cet immeuble.

Pour terminer, examinons l'effet à l'égard des tiers de la vente d'objets inhérents au sol pour en être détachés. Supposons d'abord que postérieurement à cette vente et avant la séparation de ces objets, le propriétaire aliéne son immeuble sans aucune restriction ; l'acquéreur de la récolte ou de la futaie, pourrait-il opposer au nouveau propriétaire son acte de vente ? Je ne le pense pas, car il n'a aucun droit réel sur l'immeuble ; et le successeur à titre particulier de l'ancien propriétaire de l'immeuble ne peut être tenu de remplir les obligations personnelles de ce dernier. Si nous nous plaçons dans l'hypothèse d'une saisie immobilière, nous aurons à distinguer suivant que l'acheteur de récoltes ou de futaies se trouve en présence de créanciers chirographaires ou hypothécaires. Dans le premier cas, les créanciers devront respecter la vente faite par leur débiteur, comme il doivent respecter tous ses actes qui ne sont pas entâchés de fraude. S'il y a des créanciers hypothécaires, une sous-distinction doit être faite; s'il s'agit d'une vente de récoltes, de produits destinés à être détachés périodiquement de la terre, elle devra avoir son effet, car c'est là un acte d'administration que l'hypothèque ne peut enlever au propriétaire d'un immeuble (Cass. 26 janvier 1808). Mais il en serait autrement dans le cas de vente de matériaux à provenir de la démolition d'une maison, par exemple, car ce serait là un acte de disposition, qui porterait atteinte au droit réel des créanciers hypothécaires, et à l'accomplissement duquel ils ont le droit de s'opposer.

2° *Immeubles par destination*. Nous avons vu le germe de cette distinction dans le droit romain, germe qui s'est développé dans notre ancienne jurisprudence. Les législateurs de 1804 ont généralisé cette distinction, qu'ils ont les premiers érigée en classification légale. On appelle immeubles par destination les objets mobiliers, qui ont été placés par le propriétaire à perpétuelle demeure sur un fonds, pour en être des accessoires et des dépendances. La loi en établissant cette immobilisation fictive n'a fait que consacrer l'intention du propriétaire, qui évidemment a voulu que ces objets suivîssent dans tous les cas la destinée de l'immeuble auquel ils ont été attachés; elle a d'ailleurs ainsi pourvu à l'intérêt du propriétaire, car la saisie et la vente séparées de ces objets et du fonds, auraient le plus souvent produit une somme bien inférieure à celle qui résulterait de la vente du fonds garni des instruments nécessaires à son exploitation ; enfin la loi a protégé l'intérêt général, celui de l'industrie et de l'agriculture, en assimilant, en incorporant pour ainsi dire à un immeuble, les objets mobiliers qui sont indispensables pour le rendre productif.

Pour qu'un meuble devienne immeuble par destination, deux conditions sont nécessaires, d'abord il faut que les objets mobiliers aient été placés sur le fonds par le propriétaire, en second lieu qu'il les y ait placés à perpétuelle demeure.

Occupons-nous de la première condition : elle résulte du texte formel des art. 522, 524, 525, qui ne parlent que du propriétaire ; lui seul peut avoir l'intention d'attacher ces objets au fonds à perpétuelle demeure ; les meubles que le fermier ou le locataire place sur le fonds, gardent leur nature mobilière, car on ne peut leur supposer l'intention de s'en dessaisir, à moins de présumer qu'ils ont voulu faire une libéralité au propriétaire, or les donations ne se présument pas. Pothier, dans l'ancien droit, assimilait à cet égard l'usufruitier au fermier ; devons-nous adopter cette opinion sous le Code ?

Cette question vivement débattue, doit, ce me semble, être résolue par la négative ; l'usufruit sur un immeuble étant immeuble, n'est-il pas logique de décider que les objets accessoires, au moyen desquels cet usufruit s'exerce, soient de même nature que l'objet principal ? Au texte de nos articles qui semble s'opposer à cette solution, j'opposerai celui de l'art. 2118 qui permet d'hypothéquer « l'usufruit des biens « immobiliers et leurs accessoires réputés immeubles ; » c'est là un texte formel en faveur de mon opinion. Seulement, cette immobilisation cessera avec l'usufruit, et les objets attachés à l'immeuble reprendront alors leur nature mobilière.

Pour que les meubles placés sur le fonds par le propriétaire deviennent immeubles par destination, il faut que ces objets lui appartiennent, sinon ils pourraient être revendiqués comme meubles par celui qui en a été dépouillé ; le principe contraire posé par l'art. 554 ne s'applique qu'au cas d'immobilisation par nature.

Il ne suffit pas, pour que des objets mobiliers deviennent immeubles par destination, que le propriétaire les ait placés sur son fonds ; il faut en outre qu'il les y ait attachés à perpétuelle demeure ; nous avons maintenant à étudier dans quels cas cette intention sera présumée par la loi. D'après les articles 522, 524 et 525, l'immobilisation par destination résulte de deux circonstances principales : 1° de l'affectation de certains meubles au service et à l'exploitation du fonds ; 2° du mode d'attache ou de placement de ces objets.

1° *Immobilisation résultant de l'affectation de certains meubles au service et à l'exploitation du fonds.* — L'article 524 pose le principe en ces termes : « Les objets que le « propriétaire d'un fonds y a placés pour le service et l'ex« ploitation de ce fonds, sont immeubles par destination. » Parcourons rapidement les diverses applications prévues par la loi, en commençant par faire remarquer que son énumération n'est pas limitative puisqu'elle commence par ces mots : « ainsi sont immeubles. » Occupons-nous d'abord « des ani« maux attachés à la culture » et distinguons avec le Code, suivant que le propriétaire cultive ou non lui-même. D'après l'art. 522, « les animaux que le propriétaire du fonds livre « au fermier ou au métayer pour la culture, estimés ou non,

« sont censés immeubles, tant qu'ils demeurent attachés au « fonds par l'effet de la convention. » La loi donne la même solution, qu'il y ait eu ou non estimation ; car ici l'estimation n'a pas pour effet, comme le pensaient quelques anciens auteurs, de transporter la propriété des animaux au fermier, elle a seulement pour but d'établir la base de la responsabilité de ce dernier ; la propriété reste toujours au bailleur. A cette règle, posons cependant des restrictions; à certains points de vue, les animaux seront considérés comme meubles ; ainsi le preneur, chargé de l'administration du cheptel, pourra vendre les bestiaux suffisamment engraissés ou qui dépérissent, à la charge de les remplacer par d'autres ; mais je n'oserais aller jusqu'à dire avec la cour de Cassation (8 décembre 1806), que les créanciers du preneur pourraient saisir ces bestiaux, pourvu qu'il restât au bailleur des sûretés suffisantes. L'art. 522 se termine par une proposition évidente d'après la définition que nous avons donnée des immeubles par destination : « les animaux que le propriétaire donne à cheptel à d'autres qu'au fermier ou métayer sont meubles. »

L'art. 524 déclare immeubles par destination « les animaux attachés à la culture ; » il se réfère évidemment au cas où le propriétaire cultive lui-même ; ces expressions doivent s'appliquer non-seulement aux animaux employés au labourage, mais aussi à tous les bestiaux nécessaires à une exploitation rurale ; on n'y comprendra pas les chevaux de luxe, ni les animaux qui feraient l'objet d'un commerce.

Que décider à l'égard des bestiaux achetés par le propriétaire et placés par lui sur son fonds, afin de les engraisser pour les revendre ensuite? J'adopterai à cet égard l'opinion généralement suivie qui considère ces animaux comme meubles; car s'ils servent à l'exploitation du fonds, on ne peut pas dire qu'ils y soient attachés, puisqu'ils n'y sont placés que pour un temps très-limité.

Par une raison analogue, on ne range pas non plus les animaux de la basse-cour parmi les immeubles par destination. Dans cette classe la loi range aussi les ustensiles aratoires, ou plus généralement tous les instruments nécessaires au propriétaire pour exploiter son fonds de terre, auxquels nous assimilerons les échalas des vignes; les pailles et engrais destinés à fumer la terre et non ceux qu'on doit vendre; non-seulement, comme le dit l'art. 524, les semences données aux fermiers ou colons partiaires, mais encore celles qui sont destinées à l'exploitation du fonds, que le propriétaire cultive lui même ; dans ce dernier cas, celles qui doivent être vendues restent meubles; assimilons aux semences les plantes et les oignons de légumes ou de fleurs ; ces objets, une fois mis dans la terre, deviennent immeubles par leur nature.

Les pressoirs, chaudières, alambics, cuves et tonnes qui servent dans les exploitations rurales à faire le vin, le cidre, etc., sont aussi immeubles par destination. Le Code a rejeté la distinction suivie ordinairement par les coutumes de l'ancien droit qui ne déclaraient ces objets immeubles que « s'ils ne se pouvaient ôter sans faire ouverture ou sans dés- « assembler. » (Cout. de Melun et de Normandie) ; mais il a laissé leur caractère mobilier aux tonneaux destinés à être vendus avec le liquide qu'ils contiennent.

La loi n'a pas seulement pour but de protéger l'agriculture, elle veut aussi protéger l'industrie; les pressoirs, chaudières, etc., sont immeubles par destination non-seulement s'il sont placés sur un fonds rural, mais aussi s'ils sont employés dans les distilleries, brasseries, etc. ; il en est de même « des ustensiles nécessaires à l'exploitation des forges, pa-« peteries et autres usines. » Deux conditions sont nécessaires pour l'immobilisation de ces objets : 1° Il faut qu'ils soient placés dans un immeuble, cela résulte de la lettre et de l'esprit de la loi ; ainsi si l'industrie a son siége dans un bateau, les ustensiles restent meubles ; de plus il faut que l'immeuble ait été disposé pour y exercer une industrie, soit une *usine*, comme le dit l'art. 524. Ainsi resteront meubles les outils de l'artisan qui travaille dans une maison qui lui appartient, les meubles qui garnissent une auberge ou un hôtel ; les forges d'un serrurier, les presses d'un imprimeur ne sont immeubles par destination que si elles sont placées dans un bâtiment construit spécialement pour l'exploitation de la serrurerie ou de l'imprimerie. Nous accorderons ce même caractère aux machines et décors d'un théâtre, quoiqu'une décision ministérielle du 4 mars 1806 les considère comme meubles pour la perception des droits d'enregistrement. 2° Il faut en outre que ces ustensiles soient nécessaires à l'exploitation de l'immeuble industriel, la loi le dit elle-même formellement. C'est ainsi que la Cour de cassation a décidé que dans une filature, les métiers à tisser restent meubles (27 mai 1821) ; qu'au contraire les rondelles et tonnes destinées à transporter la bière chez les consommateurs, sont dans l'arrondissement de Lille, des ustensiles nécessaires à l'exploitation des brasseries (arr. du 12 mars 1817, rejetant le pourvoi formé contre un arrêt de la Cour de Douai) ; la Cour de Bruxelles (21 juin 1807), a décidé le contraire pour la charrette et le cheval d'un brasseur. Enfin un arrêt de cassation du 18 nov. 1845 a, conformément à ces principes, reconnu « que les meubles placés dans des bâti- « ments annexés à un établissement d'eaux minérales, pour « servir d'hôtellerie ou de restaurant restent meubles, puis- « que ce genre d'exploitation ne tient pas essentiellement à « l'exploitation et au service de la source même. »

Enfin l'art. 524 déclare immeubles par destination : « les « pigeons des colombiers, les poissons des étangs, les lapins des « garennes. » Ce n'est point en effet comme objets particuliers et indépendamment du fonds où ils se trouvent que le propriétaire les possède; il n'en a la propriété qu'à l'occasion des fonds qu'il possède. Seront au contraire meubles, les pigeons d'une volière, les lapins d'un clapier, les poissons d'un réservoir ; car ces animaux sont possédés directement par eux-mêmes, indépendamment du lieu où ils se trouvent. Contrairement à l'opinion de Pothier, le Code considère aussi comme immeubles « les ruches à miel ; » mais il n'accorde pas ce caractère aux vers à soie, malgré la proposition faite à ce sujet au conseil d'Etat, car on n'a pas trouvé assez d'intimité entre ces animaux et le sol où ils sont élevés ; seulement il est à regretter que les rédacteurs du Code de procédure, oubliant les promesees faites par ceux du Code Napoléon, n'aient pas établi des règles particulières à la saisie qui pourrait être faite des vers à soie; la loi du 6 octobre 1791 contenait à cet égard des mesures spéciales, que certaines législations étrangères ont imitées.

2° *Immobilisation résultant du mode d'attache ou de scellement d'objets mobiliers au fonds.* — Tous les effets mobiliers que le propriétaire a attachés au fonds à perpétuelle demeure sont immeubles par destination ; tel est le principe qui domine la matière et dont l'art. 525 nous fournit des applications. Cette intention du propriétaire résultera d'une de ces deux circonstances : ou que ces objets sont scellés au fonds en plâtre ou à chaux ou à ciment, ou lorsqu'ils ne peuvent être détachés sans être fracturés et détériorés, ou sans briser ou détériorer la partie du fonds à laquelle ils sont attachés.

La matière qui nous occupe offre deux principales difficultés: la première est de bien distinguer les objets mobiliers qui dans un bâtiment deviennent immeubles par leur nature de ceux qui ne deviennent qu'immeubles par destination, de savoir faire leur véritable part à chacun des articles 518 et 525. Des auteurs s'inspirant des idées de Pothier, déclarent immeubles par destination tous les objets qui servent à compléter une maison, *ad integrandam domum* et sacrifient ainsi l'art. 518 à l'art. 525. Une doctrine tout-à-fait opposée à celle-là, déclare immeubles par leur nature tous les objets adhérents au sol ; cela revient à effacer l'art. 525. Nous nous placerons entre ces deux opinions extrêmes et nous dirons : sont immeubles par leur nature, tous les objets qui sont une portion intégrante du bâtiment et qui sont tellement de son essence, qu'à leur défaut il resterait comme incomplet et inachevé, et qu'il serait impossible ou extrêmement difficile d'en retirer l'utilité en vue de laquelle il a été construit ; dans cette immobilisation par nature, chacun de ces objets a perdu son individualité, sa substance propre ; leur ensemble constitue le bâtiment. S'il s'agit au contraire d'objets placés dans des bâtiments pour en augmenter l'utilité ou l'agrément, de meubles qui conservent leur individualité propre et qui, bien qu'ils soient adhérents à l'édifice, n'en forment pas une portion intégrante, ne se confondent pas avec lui, nous les considérerons comme immeubles par destination, pourvu qu'ils remplissent les conditions exigées par la loi et dont nous parlerons plus bas. D'après cette distinction qui a l'avantage de faire la part à chacun des art. 518 et 525, nous rangerons dans la classe des immeubles par nature, les portes, les fenêtres avec leurs serrures, targettes et verrous, les cloisons, etc., et même, quoiqu'ils soient mobiles et transportables, les volets d'une boutique, les clefs des serrures. Seront au contraire immeubles par destination les métiers et mécaniques scellés dans le mur et autres objets scellés ou attachés dans des conditions analogues à celles déterminées par l'art 525.

Cette théorie n'a pas un intérêt purement doctrinal ; il importe en effet souvent dans la pratique de distinguer les immeubles par nature des immeubles par destination. Et d'abord les objets mobiliers en s'incorporant avec le sol deviennent immeubles par leur nature, sans qu'on ait à s'occuper de la qualité de celui qui les a placés sur le fonds ; nous avons vu au contraire qu'en principe le propriétaire seul peut faire des immeubles par destination. D'après l'art. 555, le propriétaire du sol à la faculté de retenir les constructions faites par un tiers ; il n'aurait pas cette faculté si les objets avaient été placés sur le fonds par le tiers dans les conditions de l'art. 525. L'art. 554 décide que le propriétaire qui a construit sur son fonds avec les matériaux d'autrui a le droit de conserver les constructions, sauf à désintéresser le tiers qui n'a pas le droit d'enlever ses matériaux ; il en serait tout autrement s'il s'agissait d'objets devenus immeubles par destination.

L'art. 2102 n° 4 accorde au vendeur d'effets mobiliers non payés un privilége et un droit de revendication sous diverses conditions, et entre autres sous celle-ci : que les effets mobiliers existent encore. Si donc avec les matériaux non payés une maison a été construite, s'il y a eu immobilisation naturelle, les matériaux n'existent plus comme tels, et par suite s'évanouiront le privilége et le droit de revendication du vendeur. Mais il n'en sera pas de même s'il n'y a eu qu'immobilisation par destination, car ici les objets vendus conservent leur individualité distincte ; c'est d'ailleurs ce qui résulte des art. 592 et 593 du C. de pr., aux termes desquels le vendeur d'effets mobiliers non payés peut exercer la voie de saisie-exécution sur ces effets, quoiqu'ils aient été placés par l'acheteur du fonds à perpétuelle demeure ; donc en ce qui concerne le vendeur, ces objets mobiliers ne sont pas devenus immeubles par destination. Enfin la distinction des deux classes d'immeubles peut encore offrir de l'intérêt dans le cas où l'on aliène la propriété d'un immeuble, avec la réserve par le disposant des immeubles par destination qui s'y trouvent (Cass. 23 avril 1822).

La seconde difficulté de notre sujet est de bien distinguer les objets mobiliers qui deviennent immeubles par destination de ceux qui restent meubles ; et cette difficulté est d'autant plus sérieuse que l'énumération de l'art. 525 ne peut être considérée comme limitative ; car elle ne fait qu'appliquer le principe énoncé à la fin de l'article précédent ; elle contient une série de présomptions légales, sans qu'on puisse en inférer que le principe ne pourra pas recevoir d'autres applications. Sont immeubles par destination tous les effets mobiliers que le propriétaire a attachés au fonds à perpétuelle demeure, telle est l'idée fondamentale qui doit nous guider dans les diverses hypothèses que nous aurons à parcourir. Nous avons déjà parlé du premier alinéa de l'art. 525, occupons-nous maintenant des autres applications renfermées dans cet article. « Les glaces d'un appartement sont censées mises à per-« pétuelle demeure, lorsque le parquet sur lequel elles sont « attachées fait corps avec la boiserie. Il en est de même des « tableaux et autres ornements. » Que décider si les glaces ou tableaux sont fixés avec des attaches en fer, comme cela arrive le plus souvent aujourd'hui que les décorations intérieures ont changé et qu'on ne met plus guère de boiseries? Nous les rangerons dans la classe des immeubles par destination, et nous adopterons pleinement la décision de la jurisprudence, et particulièrement celle de la Cour de Paris qui dans un arrêt du 19 juin 1843, motive ainsi son opinion: « attendu que le propriétaire, en plaçant ces glaces dans l'im-« meuble pour faciliter la location des appartements, a eu « nécessairement l'intention de les y attacher à perpétuelle « demeure, quelle que soit d'ailleurs la manière dont elles « auraient été fixées dans ledit immeuble. » (ajout. Paris, 18 avril 1834, 11 avril 1840. Cass. 8 mai 1850).

L'art. 525 immobilise : « les statues, lorsqu'elles sont pla-« cées dans une niche pratiquée exprès pour les recevoir, en-« core qu'elles puissent être enlevées sans fracture ou détérioration. »

Par application du principe qui domine notre matière, nous donnerons la même solution à l'égard des statues placées sur un piédestal permanent et attaché au sol; nous déciderons de même à l'égard de l'horloge placée dans une partie du bâtiment disposée exprès pour la recevoir, du bac exclusivement destiné au passage des habitants d'une maison placée sur le bord d'une rivière, etc. Mais nous conserverons leur caractère mobilier aux livres d'une bibliothèque, aux médailles, aux tableaux, même placés dans un appartement disposé spécialement pour les recevoir.

L'événement qui sépare définitivement du fonds les immeubles par destination a pour résultat de les mobiliser. Nous aurons à examiner plus tard si ce principe ne doit pas subir une restriction à l'égard des créanciers ayant un droit réel sur l'immeuble.

3° *Des immeubles par l'objet auquel ils s'appliquent.* — Ainsi que nous l'avons déjà fait remarquer, les biens corporels sont les seuls qui puissent par leur nature être considérés comme meubles ou immeubles. Le Code, pour appliquer cette distinction aux biens incorporels, aux droits, a envisagé quelle était la nature du bien corporel que ces droits avaient pour objet; suivant que cet objet est un meuble ou un immeuble, il déclare le droit mobilier ou immobilier, *mobile est, quod tendit ad mobile. immobile est quod tendit ad immobile.*

Tel est le principe dont nous allons développer les conséquences. Et d'abord remarquons que pour apprécier la nature mobilière ou immobilière d'un droit, il n'y a pas à s'occuper si ce droit est réel, c'est-à-dire s'il crée entre la personne et la chose une relation directe et immédiate, ou s'il est personnel, c'est-à-dire s'il crée seulement une relation entre la personne à laquelle le droit appartient et une autre personne qui est obligée envers elle, à raison d'une chose. L'énumération faite par l'art. 526 des droits réels immobiliers est-elle complète? Il ne mentionne pas le droit de propriété, le législateur, imitant en cela l'ancien droit et le droit romain, a confondu ce droit absolu sur une chose avec la chose elle-même et l'a qualifié d'immeuble par nature. L'énumération ne comprend donc que les droits partiels démembrés du droit de propriété, l'usufruit, l'usage des choses immobilières, l'habitation, les services fonciers. La propriété d'un immeuble est-elle susceptibles d'autres démembrements? C'est là une question vaste, dont l'examen approfondi m'entraînerait hors des limites du cadre que je me suis tracé et que je me vois forcé de laisser de côté afin de ne pas trop allonger ces préliminaires et d'arriver à ce qui fait véritablement l'objet de mon travail.

L'art. 526 dans son dernier alinéa déclare immeubles par l'objet auquel ils s'appliquent « les actions qui tendent à revendiquer un immeuble. » Deux observations sont nécessaires ici; d'abord il semble bien inutile de qualifier les actions, puisqu'en définitive elles se confondent avec le droit lui-même; d'autre part, des termes de la loi, on pourrait inférer qu'ils ne s'appliquent qu'aux actions réelles immobilières; mais il faut décider qu'on doit aussi considérer comme immeubles les actions personnelles immobilières; cela résulte d'abord de l'esprit de la loi, puis du texte de l'art. 529, dont nous aurons bientôt à parler.

De ce qu un droit est mobilier ou immobilier suivant l'objet auquel il s'applique, nous considérerons comme immobilières: l'action en réméré, l'action en nullité ou en rescision de contrats translatifs de droits immobiliers, pour cause de violence, de dol, d'erreur ou d'incapacité; nous rangerons dans la même classe, l'action en rescision d'une vente d'immeuble pour lésion de plus des sept douzièmes (Bourges, 25 janv. 1832, contr. Cass. 14 mai 1806); car l'objet de l'action du vendeur est la rescision de la vente et la restitution de l'immeuble. Mais nous considérerons comme mobilière l'action en résolution de la vente d'un immeuble pour défaut de paiement du prix, car ce que demande le vendeur, c'est le prix, et ce n'est que subsidiairement qu'il conclut à la résolution.

4° *Des immeubles par la détermination de la loi.* — Cette quatrième classe d'immeubles a été créée par des monuments législatifs postérieurs au Code, dont nous allons donner l'énumération : 1° Le décret du 16 janvier 1808, art. 7, donne aux actionnaires de la Banque de France la faculté de donner à leurs actions la qualité d'immeubles, en faisant inscrire leur déclaration sur les registres. « Les actions ainsi immobi-« lisées sont soumises au Code Napoléon et aux lois de privi-« lége et d'hypothèque comme les propriétés foncières. » La loi du 17 mai 1834 a réglé les formes et les conditions que le propriétaire de ces actions immobilisées devra remplir, s'il veut leur rendre leur nature mobilière.

2° Le décret du 1er mars 1808 autorise l'immobilisation de rentes sur l'Etat et des actions de la Banque de France pour la formation d'un majorat. Ce décret a beaucoup perdu de son importance depuis les lois de 1835 et de 1849, qui défendent l'institution de majorats pour l'avenir, et qui restreignent les effets des majorats déjà existants.

3° Le décret du 16 mars 1810 assimile aux actions de la Banque de France, au point de vue de l'immobilisation, les actions de la Compagnie des canaux d'Orléans et du Loing.

4° Enfin une ordonnance du 2 avril 1817 décide que les rentes sur l'Etat et sur les villes doivent être immobilisées lorsqu'elles sont acquises par les communes et par certains établissements publics en remploi d'effets immobiliers donnés ou légués.

II. Des meubles.

D'après l'art. 527 il y a deux espèces de meubles, les meubles par leur nature ou par la détermination de la loi ; il n'y a pas de meubles par leur destination, et cela s'explique facilement, car on ne peut supposer qu'un immeuble devienne l'accessoire d'un objet mobilier. Examinons les deux catégories de meubles, puis, pour en finir avec la matière de la distinction des biens, nous étudierons dans les art. 533 et suivants le sens donné par la loi à certaines expressions qu'on serait porté à confondre les unes avec les autres.

1° *Des meubles par leur nature.* — « Sont meubles par « leur nature les corps qui peuvent se transporter d'un lieu « à un autre, soit qu'ils se meuvent par eux-mêmes, soit « qu'ils ne puissent changer de place que par l'effet d'une « force étrangère, comme les choses inanimées » (art. 528). Après cette définition si précise et si formelle qui comprend les meubles *vifs* et *morts*, comme on disait dans l'ancien droit, on ne s'explique guère l'utilité de la disposition de l'art. 531 qui déclare meubles « les bateaux, bacs, « navires, moulins et bains sur bateaux et généralement tou- « tes usines non fixées par des piliers et ne faisant point par- « tie de la maison. » Le législateur a cru cependant devoir s'expliquer à cet égard, car l'ancien droit reconnaissait à certains de ces objets la qualité d'immeubles à cause de leur importance ; c'est précisément à cause de cette importance que la saisie de quelques-uns de ces objets est soumise à des formes particulières (art. 620, Pr. C. art. 197, s. s. C. de comm.)

L'art. 532 a eu également pour but de repousser certaines distinctions faites par Pothier ; il s'applique aux matériaux provenant de la démolition d'un édifice et à ceux assemblés pour en construire un nouveau ; nous en avons déjà parlé plus haut.

2° *Des meubles par la détermination de la loi.* — Cette catégorie de meubles répond à celle des immeubles par l'objet auquel ils s'appliquent : elle ne comprend que des choses incorporelles, des droits qui ont pour objet des meubles.

L'art. 529 déclare meubles par la détermination de la loi : « 1° les obligations et actions qui ont pour objet des sommes exigibles ou des effets mobiliers. » Le mot obligation est pris ici dans le sens de créance ; les textes du droit romain emploient parfois aussi le mot *obligatio* avec cette signification. L'action, c'est la créance mise en exercice, au sujet de laquelle il y a demande en justice. Le Code, en employant l'expression « sommes exigibles » n'a pas voulu seulement parler des créances de sommes dont le paiement peut être dès à présent exigé, il n'y a pas à distinguer si la créance est pure et simple ou à terme ; la loi en se servant de cette expression, a voulu l'opposer aux rentes, dont le créancier ne peut pas exiger le capital. Quoique l'art. 529 1° ne s'occupe textuellement que des droits personnels sur des meubles, il est évident que la même nature mobilière appartient aux droits réels sur des meubles : tel serait l'usufruit d'un objet mobilier.

2° Sont rangés dans la même classe : « les actions ou intérêts dans les compagnies de finance, de commerce ou d'industrie. » Le mot *action* ici a un sens bien différent de celui dans lequel nous l'avons vu employé précédemment. L'action est le droit d'un associé qui ne répond des dettes de la société que dans les limites de son apport; l'intérêt est le droit des associés qui sont tenus *in infinitum;* la première est cessible, le second ne l'est pas.

La loi assimilant, en ce qui nous occupe, l'action et l'intérêt les déclare meubles, « encore que des immeubles dépen« dants de ces entreprises appartiennent aux compagnies. » Comment s'expliquer cette décision: chaque associé n'a-t-il pas un droit à l'actif social, or cet actif est immobilier? La société est considérée comme une personne morale distincte de chaque associé individuellement; c'est à elle qu'appartient le fonds social et non aux associés; leur action ne leur donne droit qu'au partage des bénéfices, lesquels sont toujours mobiliers; elle est donc nécessairement mobilière. Pour que l'action soit meuble, il faut que la société soit un être juridique; or, cette personnalité appartient-elle à toute espèce de société? L'affirmative est reconnue par tout le monde en ce qui concerne les sociétés commerciales, à l'exception cependant des associations commerciales en participation; le même principe est consacré par l'art. 8 de la loi du 21 avril 1810 à l'égard des sociétés minières, que la même loi range parmi les sociétés civiles. En ce qui concerne les autres sociétés civiles, la question est vivement débattue; une jurisprudence presque unanime leur reconnaît une personnalité juridique; la généralité des auteurs est d'un sentiment contraire; sans avoir ici à me prononcer sur cette question, je ferai seulement remarquer que le système de la jurisprudence ne peut tirer aucun argument sérieux de l'art. 529, qui évidemment ne se réfère qu'aux sociétés commerciales, et cependant c'est uniquement sur cet article que s'est fondé un arrêt du 3 avril 1853 de la Cour de cassation belge.

Les actions ou intérêts ne sont meubles que « tant que dure « la société ; » en effet, une fois la société dissoute, l'être moral disparaît et le droit des associés s'appliquant alors directement aux objets qui forment l'actif social, devient meuble ou immeuble, suivant qu'il a pour objet des meubles ou des immeubles.

L'art. 529, en déclarant que ces actions ou intérêts sont réputés meubles « à l'égard de chaque associé seulement » a voulu dire que les immeubles sociaux sont, dans les mains de la société, régis par toutes les règles qui gouvernent cette espèce de biens ; mais il est évident que le droit de l'associé doit être traité comme mobilier par tous ceux qui sont en rapport avec lui.

3° « Sont aussi immeubles par la détermination de la loi les « rentes perpétuelles ou viagères, soit sur l'Etat, soit sur des « particuliers. »

Une rente est le droit d'exiger des prestations périodiques, soit en argent, soit en denrées, appelées arrérages. C'est donc bien là un meuble par l'objet auquel il s'applique ; mais il n'en a pas toujours été ainsi. L'ancien droit reconnaissait deux espèces de rentes, la rente foncière et la rente constituée, qui se subdivisait en rentes perpétuelle et viagère.

La rente foncière résultait du bail à rente par lequel l'une des parties cédait à l'autre un immeuble sous la réserve d'une rente en argent ou en fruits, droit de rente que le bailleur retenait dans l'héritage cédé et qui était un droit réel comme celui d'une servitude qu'il se serait réservé. De là trois caractères principaux de la rente foncière : 1° elle n'était autre chose qu'un droit réel immobilier ; 2° elle n'était pas rachetable, car elle n'avait pas été vendue, mais retenue, réservée sur l'immeuble; on avait fait une exception pour les rentes foncières dont les maisons de ville étaient chargées; 3° enfin ce n'était point une dette personnelle; elle pesait uniquement sur le fonds; le preneur pouvait s'en affranchir en déguerpissant, à moins de clause contraire; tout tiers détenteur du fonds en était tenu.

La rente constituée ou perpétuelle était une créance d'arrérages acquis moyennant un capital mobilier; à proprement parler, c'était un prêt à intérêt avec cette clause que le prêteur s'interdisait le droit de redemander le capital; mais le prêt à intérêt étant défendu, on considérait la constitution de rente comme une vente; la chose vendue c'était la rente, le capital mobilier, c'était le prix; la rente constituée était une dette personnelle du débit-rentier, se transmettant à ses héritiers; elle était essentiellemment rachetable. Ce qu'il y a de singulier, c'est que le droit commun de la France la considérait comme un immeuble.

La rente viagère était considérée comme meuble par les coutumes qui regardaient comme telles les rentes perpétuelles. Mais cette assimilation était très-controversée sous l'empire des coutumes qui immobilisaient les rentes perpétuelles. Les rentes viagères n'étaient pas rachetables.

La loi du 4 août 1789 déclara rachetables toutes les rentes foncières perpétuelles, sans leur enlever leur caractère immobilier. La loi du 11 brumaire an VII déclara qu'elles ne pouvaient plus être hypothéquées, d'où la jurisprudence a tiré cette conséquence, que la loi de brumaire avait mobilisé les rentes foncières sous tous les rapports, ce qui pourrait être contesté.

Quoi qu'il en soit, l'art. 529 du Code Nap. déclare me

bles les rentes, quelles qu'elles soient, et l'art. 530, voté quelques mois après l'article précédent, à la suite d'une discussion au conseil d'État, de laquelle il résulte qu'il n'y a plus de rentes foncières, décide « que toute rente établie à per- « pétuité, pour le prix de la vente d'un immeuble ou comme « condition de la cession à titre onéreux ou gratuit d'un « fonds immobilier, est essentiellement rachetable. » A ces deux points de vue, en principe assimilation complète des rentes constituées moyennant un capital mobilier ou immobilier. Nous aurons plus tard à examiner les différences qui existent encore en cette matière sous l'empire du Code.

Toutes les rentes sont meubles dans notre législation actuelle ; c'est le seul point de vue qui nous préoccupe maintenant.

4° Complétons l'énumération faite par l'art. 529, des meubles incorporels, en disant quelques mots des offices, de la propriété littéraire et artistique, et des fonds de commerce.

L'art. 95 de la coutume de Paris portait : « office vénal « est immeuble. » Les lois de la Révolution ont aboli la vénalité des offices ; mais d'après la loi du 28 avril 1816, certains officiers ministériels ont le droit de présenter un successeur à l'agrément du gouvernement. Ce droit de présentation est incontestablement mobilier ; car l'avantage qu'il est destiné à procurer, est purement pécuniaire, et par suite mobilier. La mobilisation des rentes est encore un puissant argument en faveur de cette décision, si elle pouvait souffrir quelques doutes.

Par suite de la même idée nous rangerons aussi dans la classe des meubles les droits des auteurs d'ouvrages littéraires, scientifiques, artistiques, etc., en un mot tous les droits que l'on désigne sous le nom de propriété littéraire, artistique et industrielle.

Nous en dirons autant des fonds de commerce, en y comprenant non-seulement les marchandises et le mobilier qui les composent, mais aussi l'achalandage, la clientèle.

Les art. 533 à 536, dans le but de couper court à de nombreuses controverses qui s'étaient élevées dans l'ancien droit, déterminent la signification de divers termes qui désignent d'une façon plus ou moins générale les choses mobilières, tels sont les termes : meuble, meubles meublants, biens meubles, mobilier, effets mobiliers, maison meublée, maison avec tout ce qui s'y trouve. Nous ne nous y arrêterons pas, d'autant plus que la loi elle-même n'est pas toujours restée bien fidèle à la terminologie dont elle avait donné les règles.

DE L'IMPORTANCE DE LA DISTINCTION DES BIENS EN MEUBLES ET IMMEUBLES.

Maintenant que nous avons bien déterminé ce que la loi range dans une classe de biens, et ce qu'elle range dans l'autre, examinons une à une les nombreuses circonstances dans lesquelles il est utile de distinguer s'il s'agit d'un meuble ou d'un immeuble. Nous nous occuperons uniquement des différences signalées par le Code Napoléon et par les lois qui s'y rattachent, et nous ne ferons qu'indiquer d'une façon sommaire et incidente, celles qui résultent des autres monuments de notre législation.

Le législateur, en établissant de profondes différences entre les deux classes de biens, a été guidé par deux idées principales. L'une nécessaire, vraie dans tous les temps et dans tous les pays, repose sur la diversité de nature des deux sortes de biens ; les uns ont une assiette fixe et une situation déterminée dans un certain lieu ; les autres, au contraire, sont fugitifs et transportables ; à des biens si différents, il faut nécessairement des règles différentes. *Res mobilis, res vilis,* telle est aussi et surtout l'idée que l'ancien droit a léguée aux rédacteurs du Code, et à laquelle ceux-ci ont trop sacrifié. Il est vrai qu'en 1804, la fortune mobilière était en général d'assez peu d'importance, mais depuis cette époque, les développements gigantesques de l'industrie et du commerce ont modifié profondément la composition de la richesse privée, qui va se mobilisant tous les jours; et il est à regretter que le Code dans beaucoup de ses dispositions, ait consacré un principe qui n'était fondé que sur une vérité relative, qui n'en est plus une aujourd'hui. Aussi aurons-nous plus d'une fois à signaler la tendance actuelle de la jurisprudence, qui, au lieu d'interpréter purement et simplement la loi, cherche à l'accommoder aux exigences commandées par les modifications survenues dans l'état des fortunes. Telle ne sera pas notre préoccupation dans ce travail purement théorique ; nous interpréterons la loi telle qu'elle est, sauf à en signaler parfois les inconvénients.

I. D'après l'art. 3, « les immeubles, même ceux possédés par « des étrangers sont régis par la loi française. » La loi ne dit rien des meubles qu'un étranger peut avoir en France, que faut-il décider à cet égard ?

Un point sur lequel tout le monde est d'accord, c'est que

ces meubles, considérés individuellement, sont régis par la loi française ; ainsi nos lois sur les priviléges, sur les voies d'exécution, sur la prescription leur sont applicables. Mais quant aux meubles considérés comme universalité, c'est-à-dire au point de vue de leur transmission par succession, la question est vivement controversée. L'ancien droit, à cause de la nature ambulatoire des meubles, les réputait toujours situés au domicile de leur propriétaire, *mobilia ossibus personæ inhærent*, et par suite les soumettait au statut réel de ce lieu. Le jurisconsulte hollandais Voët, fait remarquer qu'à l'égard des successions mobilières les nations se font une espèce de politesse réciproque (*comitas*). Le texte de l'art. 3 prouve que le législateur moderne n'a pas voulu déroger à cet ancien usage, puisqu'il ne parle que des immeubles; cet argument *a contrario*, appuyé sur la tradition, me paraît sans réplique.

II. Pouvoirs des administrateurs.

Lorsque la loi accorde à certaines personnes l'administration de biens qui ne leur appartiennent pas, ou qui ne leur appartiennent que sous certaines conditions, lorsqu'elle relève une personne en partie de son incapacité, il est très important de distinguer s'il s'agit de meubles ou d'immeubles, soit au point de vue des mesures de précaution à prendre au début de l'administration, soit au point de vue des pouvoirs de l'administrateur ; à cet égard nous parlerons successivement du tuteur, du mineur émancipé, de la personne pourvue d'un conseil judiciaire, du mari, de la femme séparée de biens, des envoyés provisoires, etc.

1° *Du tuteur.* — D'après l'art. 451, le tuteur doit : « dans « les dix jours qui suivent celui de sa nomination dûment « connue de lui, requérir la levée des scellés, s'ils ont été ap- « posés et faire procéder immédiatement à l'inventaire des « biens du mineur, en présence du subrogé-tuteur. » L'inventaire ne s'applique qu'aux meubles, il contient la description et l'estimation des objets mobiliers corporels, l'énonciation des titres actifs et passifs (art. 943 pr. civ.) ; il a pour but de prévenir les détournements et de préparer les éléments nécessaires au compte de la tutelle ; comme il n'y a aucune soustraction à craindre à l'égard des immeubles, on ne les comprend pas dans l'inventaire, *immobilia et res soli describi nil necesse est, quia patent* (D'Argentré). Seulement dans la pratique on joint à l'inventaire des meubles une description sommaire des immeubles, afin de pouvoir se rendre compte complétement de la situation du mineur.

Quoique l'art. 451 se serve du mot, *nomination*, tout le monde est d'accord pour imposer la nécessité de l'inventaire au survivant des père et mère, comme à tous les autres tuteurs.

Si l'inventaire n'a pas eu lieu, le mineur pourra prouver par témoins ou même par la commune renommée la consistance et la valeur des effets mobiliers ; aux termes de l'article 1442, le survivant commun en biens perdra la jouissance des biens de ses enfants ; enfin par application de l'art. 444, le tuteur pourra être destitué ; toutes conséquences que n'entraînerait pas le défaut d'état des immeubles au début de la tutelle.

L'art. 451 a été inspiré au législateur par la différence de nature des deux classes de biens ; cette même différence a fait édicter l'art. 452, qui impose au tuteur l'obligation « de

« faire vendre les meubles du mineur dans le mois qui sui- « vra la clôture de l'inventaire, en présence du subrogé- « tuteur, aux enchères reçues par un officier public et après « des affiches ou publications dont le procès-verbal fera « mention. » Les meubles, en général improductifs et quelquefois même dispendieux à conserver, sont sujets à diverses causes de dépréciation; il est donc sage de les convertir en un capital productif. La nature même du motif de cette disposition nous en révèle l'étendue; bien que la loi parle en termes généraux, il est évident qu'elle n'entend pas parler des meubles incorporels, tels que rentes, créances, actions, qui constituent eux-mêmes cet emploi auquel la vente des meubles a pour unique objet d'arriver. Les termes mêmes de notre article confirment cette interprétation; il n'a trait qu'aux meubles qui pourraient être conservés *en nature*, ce qui ne peut guère s'appliquer qu'aux meubles corporels.

Le tuteur n'a besoin d'aucune autorisation pour faire cette vente; c'est uniquement lorsqu'il veut conserver des meubles en nature qu'il a besoin d'être autorisé par le conseil de famille. A cette première restriction apportée à la règle, l'art. 453 ajoute une exception plus large: « Les père et « mère, tant qu'ils ont la jouissance propre et légale des biens « du mineur sont dispensés de vendre les meubles, s'ils pré- « fèrent de les garder pour les remettre en nature. — Dans « ce cas, ils en feront faire à leurs frais une estimation à juste « valeur par un expert qui sera nommé par le subrogé-tuteur « et prêtera serment devant le juge de paix. Ils rendront la « valeur estimative de ceux des meubles qu'ils ne pourraient « représenter en nature. »

Si le tuteur avait vendu les meubles sans les formalités

exigées par la loi, il serait responsable envers le mineur du dommage que celui-ci aurait éprouvé ; mais les tiers de bonne foi ne pourraient être inquiétés (art. 2279, 1141). La même responsabilité lui incomberait, s'il avait laissé expirer le délai fixé par l'art. 452, sans faire procéder à la vente des meubles, et à plus forte raison s'il ne les avait pas fait vendre du tout.

Par analogie de motifs nous appliquerons l'art. 452 aux meubles corporels qui adviendraient au mineur postérieurement à l'ouverture de la tutelle, en faisant cependant une exception pour les fruits dont la vente constitue un acte quotidien d'administration, qu'on ne saurait assujettir à des formalités gênantes.

L'art. 452 n'est applicable qu'aux meubles corporels ; que déciderons-nous à l'égard des meubles incorporels qui appartiennent au mineur au moment de l'ouverture de la tutelle ou qui lui adviennent postérieurement? Le tuteur doit-il pour les vendre se faire autoriser à cet effet par le conseil de famille? Peut-il les vendre à l'amiable ou doit-il remplir les formalités prescrites par l'art. 452? Le Code est entièrement muet sur cette question ; mais comme d'après l'art. 450, le tuteur représente le mineur dans tous les actes civils, il est son mandataire général et a en principe plein pouvoir pour faire seul, sans autorisation ni formalités, tous les actes pour lesquels la loi n'exige pas spécialement l'une ou l'autre de ces conditions, nous déciderons qu'il peut vendre les meubles incorporels comme les meubles corporels sans l'autorisation du conseil de famille, qu'il n'a pas à suivre ici les formalités de l'art. 452, qu'il peut les vendre à l'amiable et déterminer seul et comme il l'entend, mais sous sa responsabilité, le prix et les autres conditions de la vente. En vain objectera-t-on à cette théorie que, s'il s'agit d'office, de fonds de commerce, d'actions industrielles, qui le plus souvent composeront la plus grande partie de la fortune du mineur, nous arrivons à laisser au tuteur la libre disposition de ce patrimoine, sans être surveillé par le conseil de famille. A cette objection, nous ferons une double réponse au point de vue juridique et au point de vue pratique ; le tuteur peut faire tous les actes qui concernent la gestion du patrimoine du mineur et les faire seul, lorsqu'aucun texte n'exige l'accomplissement de quelque formalité ; or, vous n'avez aucun texte à nous opposer, vous ne pouvez donc sans arbitraire apporter une restriction aux pouvoirs du tuteur. D'ailleurs n'est-il, pas responsable de sa gestion, et s'il n'a pas agi en bon père de famille, il devra compte au mineur du préjudice que celui-ci aura éprouvé ; et il en résultera le plus souvent que, pour mettre sa responsabilité à couvert, il demandera avant d'agir l'autorisation du conseil de famille ; cette autorisation sera même indispensable s'il s'agit de cession d'office ; car les instructions ministérielles exigent que le conseil de famille soit appelé à délibérer sur les traités de ce genre ; de même s'il s'agit de rentes sur l'Etat, aux termes de la loi du 24 mars 1806, le tuteur, pour transférer une inscription qui excède cinquante francs, doit obtenir l'autorisation du conseil de famille. Le décret du 25 septembre 1813 a étendu la même disposition au cas où il s'agit du transfert de plus d'une action de la Banque de France. Mais je crois que c'est à tort qu'on a voulu étendre ces dispositions à toutes les valeurs qui sont côtées à la Bourse ; une loi à cet égard serait peut-être nécessaire pour compléter la lacune qui existe, mais cette loi n'existe pas, et l'interprétation ne peut pas aller jusqu'à la suppléer.

Voyons maintenant ce que la loi décide à l'égard des immeubles du mineur ; et d'abord, loin d'imposer au tuteur l'obligation de les vendre comme elle le fait lorsqu'il s'agit de meubles corporels, elle veut, autant que cela est possible, les conserver dans le patrimoine du mineur ; aussi exige-t-elle (art. 457) l'autorisation du conseil de famille, qui ne doit l'accorder que pour cause de nécessité absolue ou d'avantage évident, et qui doit indiquer les immeubles qui seront vendus de préférence et toutes les conditions qu'il jugera utiles. En outre, la délibération du conseil de famille relative à cet objet, ne sera exécutée qu'après avoir reçu l'homologation du tribunal de première instance, qui y statuera en la chambre du conseil, et après avoir entendu le ministère public (art. 458). Ce n'est pas tout, l'art. 459 et certains articles du Code de procédure (art. 959. s. s.) règlent d'une façon précise toutes les formalités suivant lesquelles la vente devra être faite.

Les règles protectrices des art. 457 et 458 ne sont exigées que s'il s'agit d'aliénations volontaires et non si l'aliénation est nécessaire ; c'est ce que dit l'art. 460 pour le cas où un jugement aurait ordonné la licitation sur la provocation du copropriétaire d'un immeuble indivis avec le mineur Seulement même en ce cas la licitation ne pourra se faire que dans la forme prescrite par l'art 459 ; les étrangers y seront nécessairement admis. Il en sera de même si le créancier du mineur poursuit l'expropriation forcée de ses immeubles. Enfin, aux termes de l'art. 13 de la loi du 3 mai 1841, lorsque l'immeuble d'un mineur doit être exproprié pour cause d'utilité publique, le tuteur peut, après autorisation du tribunal donnée sur simple requête en la chambre du conseil, le ministère public entendu, consentir amiablement à l'aliénation dudit bien.

Sauf ces exceptions, le tuteur ne peut *aliéner* l'immeuble du mineur sans l'autorisation du conseil de famille et l'homologation du tribunal. De cette expression générale concluons qu'il ne pourrait, sans remplir les mêmes formalités, constituer un droit immobilier quelconque, tel qu'un usufruit ou une servitude, ni vendre des bois de haute futaie non mis en coupes réglées, qui ne sont pas des fruits, mais une partie intégrante de l'immeuble lui-même. Remarquons encore que le mot *aliéner* comprend aussi l'échange, quoi qu'on ait soutenu le contraire, et que l'art. 457 met l'hypothèque sur la même ligne que l'aliénation.

D'après l'art. 464, aucun tuteur ne peut introduire en justice une action relative aux droits immobiliers du mineur ni acquiescer à une demande relative aux mêmes drotis, sans l'autorisation du conseil de famille. *A contrario*, il peut seul intenter une action mobilière ou y acquiescer. Pourrait-il, dans ce dernier cas, se désister seul de l'appel par lui formé? La négative résulte de divers arrêts (Paris, 9 mai 1834, 23 février 1840. Nancy, 25 août 1837), dont les uns argumentent de l'art. 467 et confondent ainsi l'acquiescement avec la transaction; les autres se fondent sur l'art. 444 du Code de procédure, d'après lequel les délais d'appel ne courent contre le mineur que par la signification du jugement fait tant au tuteur qu'au subrogé-tuteur; or, dit-on, ce serait rendre illusoire cette disposition, que de permettre au tuteur de donner au jugement un acquiescement précipité et irréfléchi.

Je repousserai cette jurisprudence par cette considération. que du moment où il résulte de l'art. 464 que le tuteur peut acquiescer à une demande mobilière, il serait bien étrange qu'il ne pût pas acquiescer au jugement qui a déclaré cette demande fondée contre le mineur; n'y a-t-il pas là un argument *a fortiori* très-puissant, que ne peut en rien affaiblir l'art. 444 du Code de procédure?

Mais de ce que le tuteur peut sans aucune autorisation, acquiescer à une demande mobilière, je n'en conclurai pas avec Delvincourt, qu'il puisse, dans une telle instance, déférer le serment à l'adversaire du mineur; car ceci constitue une espèce de transaction ; or l'art. 467, sans distinguer entre les droits mobiliers et immobiliers, exige diverses formalités quand il s'agit de transaction.

Le tuteur, d'après l'art. 465, ne peut provoquer un partage sans l'autorisation du conseil de famille, et il n'y aura pas à distinguer ici si les biens indivis sont des meubles ou des immeubles. Dans tous les cas, le partage aura lieu judiciairement; mais il n'y aura d'expertise que s'il y a des immeubles à partager (Art. 975, pr. civ.).

Des art. 1003 et 1006 du Code de procédure, il résulte que le compromis est complétement interdit au tuteur, et cette défense est générale et absolue et n'admet pas de distinction entre les meubles et les immeubles.

Terminons cette matière par une observation que nous aurions pu faire sur l'art. 452; les capitaux disponibles du mineur doivent être employés à l'achat d'immeubles ou de meubles incorporels, mais ils ne doivent pas être convertis en meubles corporels ; ceci résulte de ce que nous avons dit sur l'art. 452.

Tout ce que nous avons dit sur les pouvoirs du tuteur du mineur, s'applique en principe au tuteur de l'interdit.

2° *Du mineur émancipé.* — Le mineur émancipé ne peut, aux termes de l'art. 484, aliéner ses immeubles, sans observer les formes prescrites au mineur non-émancipé; et il n'y aurait pas à distinguer si l'immeuble avait été acheté avec le produit des économies faites sur ses revenus; cette distinction faite par Toullier est unanimement rejetée. S'il s'agit de ses meubles corporels, il peut les vendre seul, pourvu que cette vente constitue un acte de pure administration ; sinon il lui faudrait l'assistance de son curateur. A l'égard des meubles incorporels, nous ferons une distinction ; d'après les loi et décret que nous avons déjà cités, le mineur émancipé peut, avec l'assistance de son curateur, transférer une inscription de rente sur l'Etat de cinquante francs, et une action de la Banque de France ; s'il s'agit d'un intérêt supérieur, l'autorisation du conseil de famille est nécessaire. Nous n'appliquerons pas ces dispositions spéciales aux rentes sur les particuliers et aux créances quelconques du mineur émancipé, et nous déciderons qu'il peut avec la seule assistance de son curateur, vendre et transporter ses créances, quelle qu'en soit l'importance ; c'est là d'ailleurs une conséquence de la solution que nous avons donnée à une question semblable en matière de tutelle.

Le mineur émancipé, d'après l'art. 482, ne peut intenter une action immobilière ni y défendre sans l'assistance de son curateur. Faut-il en conclure qu'il pourra, sans cette assistance, se porter demandeur ou défendeur en cas d'action mobilière? Oui, en principe, mais il faut faire une exception qui, le plus souvent, absorbera la règle; l'art. 482 défend au mineur émancipé de recevoir un capital mobilier sans l'assistance de son curateur, à plus forte raison, ne pourra-t-il intenter une action qui a pour objet un tel recouvrement, puisqu'il y a en outre la complication d'un procès. La loi oppose les capitaux mobiliers aux capitaux immobilisés, pour la réception desquels l'assistance du curateur ne suffirait pas, il faudrait observer les conditions prescrites par l'art. 484.

Pour intenter une demande en partage et même pour y répondre, l'émancipé a besoin d'être assisté de son curateur, quand même la masse indivise serait uniquement composée d'objets mobiliers, car l'art. 840 ne distingue pas.

L'art. 484 autorise l'émancipé à faire seul des achats, sauf à les déclarer réductibles en cas d'excès; de là il résulte incontestablement qu'il peut acheter des meubles; la question controversée à l'égard des immeubles me paraît devoir être résolue par une distinction; l'émancipé ayant la disposition de ses revenus, peut certainement en employer l'excédant à acheter des immeubles aussi bien que des rentes sur l'Etat, par exemple. Mais il ne pourrait le faire seul avec ses capitaux, à l'emploi desquels doit veiller le curateur (art. 482).

Le mineur émancipé qui a rempli toutes les conditions et formalités prescrites, pour devenir commerçant, est réputé majeur pour les faits relatifs à son commerce (art. 487). Cette formule est rigoureusement exacte en ce qui concerne sa fortune mobilière; mais à l'égard de ses immeubles, une restriction importante est apportée par l'art. 6 du Code de commerce, en vertu duquel le mineur commerçant ne peut aliéner ses immeubles qu'en suivant les formalités prescrites par les art. 457 et suivants du Code Nap.

3° *Personne pourvue d'un conseil judiciaire.* — Aux termes des art. 499 et 513, « il peut être défendu aux faibles

« d'esprit et aux prodigues de plaider, de transiger, d'em-
« prunter, de recevoir un capital mobilier et d'en donner dé-
« charge, d'aliéner ni de grever leurs biens d'hypothèques,
« sans l'assistance d'un conseil qui leur est nommé par le tri-
« bunal. » La prohibition de plaider seul est absolue et il n'y a pas à distinguer ici, comme nous l'avons fait précédemment, entre les actions mobilières et immobilières. L'assistance du conseil est toujours nécessaire pour recevoir un capital mobilier ; nous n'admettons donc pas ici non plus les distinctions faites dans les matières précédentes, en ce qui concerne le transfert des rentes sur l'état et des actions sur la Banque de France.

La défense d'aliéner sans l'assistance du conseil, paraît ne devoir s'appliquer qu'aux immeubles et ne pas comprendre les meubles corporels ; il en était déjà ainsi dans l'ancien droit ; le Code a voulu maintenir cette distinction ; car la défense d'aliéner est immédiatement suivie de celle de grever les biens d'hypothèques, cette double défense s'applique à la même nature de biens ; or les immeubles sont seuls susceptibles d'hypothèque. D'autre part, la disposition spéciale qui exige l'assistance du conseil pour la réception d'un capital mobilier, atteste que la loi n'a pas prononcé de prohibition générale en ce qui concerne les meubles.

4° Du mari. — Nous aurons à examiner, au point de vue qui nous occupe, les pouvoirs du mari sous les divers régimes ; et d'abord sous celui de la communauté légale, nous devons distinguer suivant qu'il s'agit des biens de communauté ou des biens personnels de la femme.

D'après l'art. 1421, le mari administre seul les biens de la communauté ; ses pouvoirs d'administration sont très étendus et se ressentent encore du principe admis par la législation coutumière qui le déclarait maître et seigneur de la communauté. Sans distinction entre les meubles et les immeubles, il peut seul, sans le concours de sa femme, disposer à titre onéreux des biens de la communauté ; à l'égard des tiers cette règle est absolue et sans exception ; à l'égard de la femme il n'y a qu'une restriction à faire, dans le cas où le mari se serait enrichi directement ou indirectement, en appauvrissant la communauté (1409 1°, 1437).

Mais il en est tout autrement de l'aliénation à titre gratuit Le Code ici a dérogé aux coutumes, d'après lesquelles le mari pouvait, sans le consentement de sa femme, disposer par donation des meubles et des conquêts immeubles, pourvu qu'il le fît « sans fraude, » c'est-à-dire, dit Ferrières d'après Dumoulin, « sans s'enrichir ou ses hoirs en diminution de la communauté. » L'art. 1422 défendant en principe au mari de disposer entre-vifs des biens de la communauté, met à la prohibition certaines réserves ; d'une part, la qualité de la personne gratifiée, d'une autre part, la nature ou plutôt l'importance de la chose donnée peuvent faire fléchir le principe.

En effet, en premier lieu, le mari peut disposer entre-vifs à titre gratuit des immeubles de la communauté, ou de l'universalité ou d'une quotité du mobilier, lorsqu'il s'agit de l'établissement des enfants communs ; et même nous déciderons avec la Cour de cassation (2 janv. 1844), que cette donation peut comprendre non-seulement un immeuble ou une quotité du mobilier, mais encore tous les immeubles et tous les effets mobiliers, en un mot toute la communauté ; cela résulte de la combinaison des art. 1421 et 1422.

En second lieu, la loi distingue suivant la nature des biens s'il s'agit d'immeubles, sauf l'exception que nous venons de mentionner, la prohibition est absolue; à l'égard des meubles l'art. 1422 fait une distinction ; il assimile aux immeubles l'universalité ou une quotité du mobilier, mais il permet au mari de disposer des effets mobiliers à titre gratuit et particulier au profit de toutes personnes, à la condition toutefois qu'il ne s'en réserve pas l'usufruit ; cette restriction a pour but de refroidir l'intention d'une libéralité à laquelle le mari serait d'autant plus enclin qu'elle ne diminuerait pas ses revenus; mais, de l'avis de tout le monde elle ne serait pas applicable s'il s'agissait de l'établissement d'un enfant commun.

Remarquons que la distinction faite par le Code n'est pas rationnelle, il valide une donation de 100,000 fr., et annule celle d'un immeuble valant cent fois moins: c'est là une suite de ce vieux préjugé que la fortune mobilière est peu importante et indigne de la protection spéciale du législateur.

La prohibition de donner entre-vifs ne s'étend pas aux dispositions testamentaires; la loi y met cependant certaines restrictions, mais nous n'en parlerons pas, car elles n'ont pas trait à notre matière.

Le mari, administrateur des biens de la communauté peut faire tout ce qui ne lui est pas défendu; à l'égard des biens personnels de la femme, il ne peut au contraire que ce qui lui est permis par la loi. L'art. 1428 lui accorde l'exercice de toutes les actions mobilières qui appartiennent à la femme, sans distinguer si elles sont réelles ou personnelles, De là la Cour de cassation a conclu avec raison que le mari pouvait recevoir le paiement des sommes dues à la femme et en donner valable quittance encore que les capitaux provinssent du prix d'immeubles appartenant à la femme (25 juillet 1843). Quant aux actions immobilières qui appartiennent à celle-ci, le mari ne peut exercer que les actions possessoires, il ne peut plaider au pétitoire, à moins qu'il n'agisse dans les limites du droit d'usufruit qui appartient à la communauté.

Le mari, ajoute l'art. 1428, ne peut aliéner les immeubles personnels de la femme sans son consentement. Faut-il, *a contrario*, décider qu'il pourra sans ce consentement, aliéner les biens mobiliers qui sont restés propres à la femme, par suite d'une clause spéciale du contrat de mariage ou d'une donation faite sous cette condition ? Ecartons d'abord le cas où il s'agit de choses qui se consomment par l'usage, *quæ primo usu consumuntur*, car alors la communauté en devenant propriétaire en sa qualité de quasi-usufrutière, le mari pourra les aliéner. La question ainsi restreinte présente divers intérêts, au point de vue des risques de la chose, dans le cas où le mari aurait aliéné le propre mobilier à un tiers de mauvaise foi, dans celui où ce propre aurait été saisi par les créanciers du mari ou de la communauté. Des deux opinions entre lesquelles se divisent des auteurs également recommandables, je choisirai celle qui assimile les meubles aux immeubles et qui ne fait d'ailleurs qu'appliquer les principes généraux sur l'usufruit et la propriété ; la communauté n'est qu'usufruitière de ces meubles, nous ne pouvons donc accorder à celui qui la représente le droit de les aliéner ; il est vrai que le mari exerce toutes les actions mobilières, mais peut-on en conclure pour lui le droit d'aliéner les meubles propres de la femme ; il est encore vrai que l'art. 1428 ne parle que des immeubles, mais d'une part l'argument *a con-*

trario qu'on en tire est faible parce qu'il fait sortir des règles du droit commun, d'autre part rien d'étonnant à ce que cet article ne parle que des immeubles, puisque sous le régime de la communauté légale tous les meubles tombent en communauté et rentrent sous la disposition générale de l'art. 1421. Cette doctrine, après quelques divergences entre les cours d'appel, a été consacrée par la cour de Cassation (2 juillet 1840).

Sous le régime d'exclusion de communauté, le mari conserve l'administration des biens meubles et immeubles de la femme et par suite le droit de percevoir le mobilier qu'elle apporte en dot ou qui lui échoit pendant le mariage, sauf la restitution qu'il en doit faire après la dissolution du mariage ou après la séparation de biens (art. 1531). Pour assurer cette restitution, l'art. 1532 exige un état estimatif des meubles apportés en dot qui se consomment par l'usage et un inventaire du mobilier qui échoit à la femme durant le mariage. De l'art. 1531 nous conclurons que le mari exerce toutes les actions mobilières qui appartiennent à la femme. Les règles que donne ici le Code sont bien incomplètes ; pour les compléter nous emprunterons celles de la communauté et non celles du régime dotal, et cela par trois raisons : 1° parce que la communauté forme le droit commun ; 2° parce que le régime d'exclusion de communauté a été emprunté aux pays dits de communauté ; enfin parce que les rédacteurs du Code n'ont pu en discutant ce régime, songer au régime dotal, qui n'a été ajouté qu'après coup.

Nous déciderons donc qu'au cas d'exclusion de communauté, le mari n'a que les actions immobilières possessoires; et à l'égard des meubles apportés en dot par la femme qui ne sont pas destinés à être vendus, et qui n'ont pas été estimés dans le contrat de mariage, nous dirons comme précédemment que le mari ne peut pas les aliéner sans le consentement de la femme.

D'après l'art. 1549, le mari seul, sous le régime dotal, a l'administration des biens dotaux; il a seul le droit d'en poursuivre les débiteurs et détenteurs; en d'autres termes, il a en principe toutes les actions personnelles et réelles, mobilières et immobilières. La règle est-elle la même lorsque le mari est défendeur ? Deux arrêts, l'un de Bordeaux (16 mars 1827), l'autre de Riom (28 janvier 1844) ont prétendu établir à cet égard une différence entre les actions mobilières et possessoires et les actions immobilières et ont exigé dans ce dernier cas, que la femme fût mise en cause avec le mari. Mais cette distinction arbitraire ne peut être admise; la loi en donnant au mari le droit de poursuivre, ne lui a-t-elle pas donné *a fortiori*, le droit de répondre seul à l'action intentée, ce droit d'ailleurs ne résulte-t-il pas de ses pouvoirs d'administrateur; telle était d'ailleurs la solution de l'ancien droit.

Nous admettrons cependant une restriction au principe que le mari exerce seul toutes les actions immobilières, au cas d'action en partage, car d'après l'art. 818, à l'égard des objets qui ne tombent pas en communauté, le mari ne peut en provoquer le partage sans le concours de sa femme. Le droit romain et l'ancien droit qui accordaient au mari des pouvoirs encore plus étendus que le législateur moderne lui refusaient aussi l'exercice de l'action en partage.

5° *Femme mariée séparée de biens.* — Aux termes de l'art. 1449 la femme séparée judiciairement soit de cpors, soit de biens, reprend la libre administration de ses biens; elle peut disposer de son mobilier et l'aliéner. On est généralement d'accord pour décider que la femme ne peut en ce cas donner son mobilier; le mot aliéner ne s'entend ordinairement que des aliénations à titre onéreux; d'ailleurs l'art. 217 défend à la femme même séparée de bien de donner et d'aliéner, et l'art. 1449 ne déroge à l'art. 217 qu'en ce qui concerne l'aliénation et non au point de vue de la donation; cette opinion s'appuie aussi sur l'art. 905 qui ne permet à la femme de donner entre-vifs qu'avec le consentement de son mari ou l'autorisation de justice, sans distinguer entre les meubles et les immeubles; enfin ce pouvoir d'aliéner le mobilier est une conséquence de l'administration accordée à la femme, or on ne pourrait en dire autant s'il s'agissait de donation.

La femme séparée de biens pourrait-elle s'obliger par emprunts ou autrement jusqu'à concurrence de la valeur de son mobilier? Cette question vivement débattue en doctrine comme en jurisprudence, doit selon nous, être résolue par la négative, pourvu que les actes de la femme ne rentrent pas dans la classe des actes d'administration. En effet d'après les art. 217 et 219, la femme ne peut en principe passer aucun acte ni consentir aucune aliénation directe ou indirecte sans y être autorisée; or, de ce que l'art. 1449 lui accorde le droit d'aliéner directement son mobilier, on ne peut en conclure qu'elle ait celui de l'aliéner indirectement, d'autant plus que l'aliénation indirecte offre bien plus de dangers et d'inconvénients; c'est une idée analogue à celle qui a dirigé le législateur romain dans la loi Julia. C'est à cette opinion que s'est rangée définitivement la cour de Cassation, après avoir d'abord décidé en sens contraire (7 décembre 1830, 3 janvier 1831).

A l'égard des immeubles, le législateur suivant sa théorie habituelle, décide que la femme ne pourra les aliéner sans le consentement du mari, ou à son refus, sans être autorisée par justice. L'aliénation indirecte lui est également défendue, à moins qu'il ne s'agisse d'actes d'administration, auquel cas les créanciers de la femme pourraient faire saisir ses immeubles.

Il n'y a pas lieu de distinguer ici entre les actions mobilières et immobilières, la femme ne peut ester en jugement sans l'autorisation de son mari, quand même elle serait non commune ou séparée de biens (Art. 215). Tel est le principe inflexible, auquel la loi n'apporte aucune restriction.

Lorsqu'il y a séparation de biens contractuelle, la femme, d'après l'art. 1537, conserve l'entière administration de ses biens meubles et immeubles; cet article n'accorde pas à la femme le droit d'aliéner son mobilier; mais presque tous les auteurs lui reconnaissent ce droit; ne résulte-t-il pas d'ailleurs des pouvoirs d'entière administration qui lui sont conférés par la loi? D'autre part l'art. 1538 refusant à la femme le droit d'aliéner ses immeubles sans le consentement de son mari ou l'autorisation de justice, ne montre-t-il pas que le législateur adopte implicitement la disposition relative au mobilier contenue dans l'art. 1449. Quelle bonne raison enfin pourrait-on donner pour établir à ce point de vue une différence entre les séparations judiciaire et contractuelle.

La question pourrait présenter plus de doute en ce qui concerne la femme dotale administrant ses biens paraphernaux; car l'art. 1576, à la différence de l'art. 1538, dit d'une façon générale, que la femme ne pourra aliéner ses biens paraphernaux sans l'autorisation du mari ou la permission de justice. Et cependant tous les auteurs, à l'exception de MM. Rodière et Pont, admettent même dans ce cas la distinction faite par l'art. 1449 entre les meubles et les immeubles.

6° *Des envoyés en possession des biens d'un absent.* —

Lorsque des personnes sont envoyées en possession provisoire des biens d'une personne déclarée absente, la loi leur impose, au début de leur administration, certaines mesures différentes suivant la nature des biens. D'après l'art. 126, les envoyés provisoires doivent faire procéder à l'inventaire du mobilier et des titres de l'absent, en présence du procureur impérial ou d'un juge de paix requis par ce dernier. Le tribunal ordonnera, s'il y a lieu, de vendre tout ou partie du mobilier, ce sera lui qui réglera les formes de la vente et qui déterminera l'emploi qui devra être fait du prix en provenant. L'inventaire du mobilier est impérativement commandé par la loi, car c'est un acte nécessaire pour fixer dès à présent les bases du compte qu'aura à rendre l'envoyé provisoire. Il en est tout autrement à l'égard des immeubles, cela se conçoit facilement, la constatation de leur état n'a pas, comme l'inventaire, l'intérêt de l'absent en vue, elle n'a pour but que de mettre à couvert la responsabilité des envoyés provisoires, aussi est-elle facultative pour eux; «ils pourront, « ajoute l'art. 123, requérir pour leur sûreté, qu'il soit pro- « cédé par un expert nommé par le tribunal, à la visite des « immeubles, à l'effet d'en constater l'état. Son rapport sera « homologué en présence du procureur impérial; les frais « en seront pris sur les biens de l'absent. » Si les envoyés provisoires ne font pas procéder à cette visite, ils seront présumés les avoir reçus en bon état, sauf à eux à faire preuve du contraire.

Les envoyés provisoires ne sont que des administrateurs (art. 125); aussi l'art. 128 décide qu'ils ne pourront aliéner ni hypothéquer les immeubles de l'absent. Pourraient-ils le faire avec l'autorisation du tribunal? L'affirmative résulte de l'art. 2126 en ce qui concerne l'hypothèque, nous déciderons de même par analogie pour l'aliénation; cette solution est d'ailleurs confirmée par l'art. 112, qui donne au tribunal, même pendant la période de présomption d'absence, le droit d'ordonner les mesures qu'il croit nécessaires.

L'art. 128 ne parle que des immeubles, que décider à l'égard des meubles? Si la vente d'objets mobiliers rentre dans la catégorie des actes ordinaires d'administration, évidemment elle est permise aux envoyés provisoires; mais si elle n'y rentre pas, je crois qu'il faut donner la même solution pour les meubles que pour les immeubles; il est vrai que l'art. 128 ne parle que de ces derniers; mais le tribunal en ordonnant la vente d'une partie du mobilier n'a-t-il pas par là même imposé implicitement aux envoyés l'obligation de conserver le reste en nature, et cela ne suffit-il pas pour expliquer le silence de l'art. 128? Cette doctrine a été consacrée par la cour de Cassation dans de nombreux arrêts (11 mars 1839, 14 août 1840 etc.).

L'article 134 accorde aux envoyés provisoires le droit de se porter défendeurs dans toutes les instances qui concernent l'absent. Peuvent-ils aussi se porter demandeurs dans tous les cas? On l'a contesté et on a voulu assimiler les envoyés provisoires au tuteur et ne leur donner que l'exercice des actions mobilières ; mais ce qui prouve que la loi n'a pas voulu faire cette assimilation c'est qu'elle permet à l'envoyé provisoire d'intenter l'action en partage (art. 817). D'ailleurs à quoi bon demander au tribunal une autorisation préalable? L'instruction à laquelle il sera obligé de se livrer pour juger l'affaire n'est-elle pas une garantie suffisante contre la fraude et les simulations? Nous ne distinguerons donc pas entre les actions mobilières et immobilières.

Si l'envoyé en possession recueille une succession qui lui est dévolue au défaut de l'absent, pourra-t-il valablement aliéner les objets qui la composent, l'absent de retour sera-t-il tenu de respecter les aliénations faites par l'héritier apparent, ou pourra-t-il exercer la revendication contre les tiers acquéreurs? Je ne soulève cette question si débattue entre l'Ecole et le Palais que pour critiquer une distinction qui a été faite par la cour de Cassation entre les immeubles et les meubles incorporels. En ce qui concerne les meubles corporels, la question le plus souvent ne s'élèvera pas, car l'acquéreur sera protégé par l'art. 2279. La Cour suprême annule la cession des créances faites par l'héritier apparent, car, ditelle, « la vente de pareils droits par un autre que le propriétaire demeure soumise à la règle salutaire et absolue de l'art 1599 » (11 mars 1839, 14 août 1840). Elle valide au contraire les aliénations d'immeubles faites dans les mêmes circonstances, auxquelles elle refuse d'appliquer l'art. 1599. (Trois arrêts du 16 janvier 1843). C'est là une distinction injustifiable en droit, qui n'a pour fondement que des considérations économiques et que nous ne pouvons admettre.

7° *Successeurs irréguliers. — Héritier bénéficiaire. — Curateur à succession vacante.* — Une obligation commune à ces trois classes de personnes est de faire un inventaire de toutes les valeurs mobilières que comprend la succession (art. 769, 794, 813); voyons ce qui est spécial à chacune d'elles.

Les successeurs irréguliers venant à une succession à défaut d'héritiers doivent tous, à l'exception de l'Etat, qui est toujours réputé solvable, faire emploi des valeurs mobilières ou donner caution suffisante pour en assurer la restitution (art. 771-773). Cette mesure a pour but de garantir aux successeurs plus proches que celui qu'on envoie en possession et qui pourraient se représenter plus tard, la restitution des biens auxquels ils ont droit. La loi ne s'est pas préoccupé des immeubles, car leur nature a paru présenter une garantie suffisante.

Aux termes de l'art. 807, « l'héritier bénéficiaire est tenu, « si les créanciers ou autres personnes intéressées l'exigent, « de donner caution bonne et solvable de la valeur du mobi- « lier compris dans l'inventaire et de la portion du prix des « immeubles non déléguée aux créanciers hypothécaires. » Cette caution ne s'applique pas aux immeubles dépendant de l'hérédité.

L'héritier bénéficiaire n'est tenu de vendre ni les meubles ni les immeubles de la succession, mais s'il veut le faire et conserver sa qualité de bénéficiaire, il doit suivre les formes tracées par les art. 805 et 806. Il ne peut vendre les meubles de la succescion que par le ministère d'un officier public, aux enchères et après les affiches et publications accoutumées (art. 805). Cette disposition n'est pas applicable aux fruits qui se vendent à l'amiable, au marché et dont la vente ne constitue qu'un simple acte d'administration. S'applique-t-elle à tous les autres meubles ? De la combinaison des art. 989 et 945 du Code de procédure, il résulte qu'il ne s'agit ici que des meubles corporels et parmi les meubles incorporels, des rentes sur particuliers. Un avis du conseil d'Etat du 11 janvier 1808 a déclaré applicable à l'héritier bénéficiaire la loi du 24 mars 1806, qui exige l'autorisation du tribunal pour transférer une rente sur l'Etat qui dépasse cinquante francs; pour tous les autres meubles incorporels, l'héritier bénéficiaire ne sera soumis à aucune condition ni d'affiches, ni d'enchères, ni d'autorisation (Cass. 7 déc. 1853).

D'après les art. 906, C. N. 987 et s. du C. de procédure, la vente des immeubles ne peut avoir lieu que si elle est autorisée par le tribunal; à l'égard des meubles, cette autorisation n'est exigée que pour le transfert des rentes sur l'Etat; cette vente est en outre assujettie aux formes prescrites pour celle des immeubles du mineur. On le voit, le législateur est toujours préoccupé de cette idée qu'il faut surtout protéger les valeurs immobilières.

L'art. 814 assimile en partie du moins le curateur d'une succession vacante à l'héritier bénéficiaire, mais cette assimilation est loin d'être complète; ainsi le curateur n'est pas tenu de la caution exigée par l'art. 807, puisqu'il fait verser les deniers héréditaires dans la caisse des consignations (art. 813); sont nulles les aliénations par lui faites sans observer les formalités; sont valables au contraire celles faites dans les mêmes circonstances par l'héritier bénéficiaire, qui deviendra ainsi héritier pur et simple. Celui-ci peut garder en nature les meubles corporels, que le curateur est obligé de vendre. Tout ce que nous avons dit à l'égard de la vente du mobilier corporel, des rentes sur particuliers ou sur l'Etat et des immeubles est applicable au curateur; cela résulte des art. 1000 et 1001 du Code de Procédure. Mais en ce qui concerne le mobilier incorporel nous déciderons que le curateur devra obtenir l'autorisation de la justice qui pourra soumettre la vente à certaines conditions ou formalités (Riom, 12 mars 1853).

8° *Des grevés de restitution. — Des exécuteurs testamentaires.* — Au cas de substitution permise, le grevé doit faire procéder à l'inventaire de tous les biens et effets compris dans la substitution, à moins qu'il ne s'agisse d'un legs particulier (art. 1058). Cette obligation, quoiqu'en ait dit Toullier, ne concerne que les meubles, car ce sont les seuls biens susceptibles de s'inventorier; elle n'existe, ainsi que le prouve l'art. 1058, qu'au cas de legs ou d'institution contractuelle, car s'il s'agit de donations entre-vifs, un état estimatif des meubles donnés, doit y être annexé, d'après l'art. 948.

Le grevé de restitution, dit l'art. 1062, sera tenu de faire procéder à la vente, par affiches et enchères, de tous les meubles compris dans la disposition. Les immeubles au contraire doivent être gardés en nature ; il en sera de même pour les meubles, qui ont été compris dans la disposition, à la condition expresse de les conserver en nature (art. 1063). L'art. 1064 assimile également aux immeubles, « les bestiaux et ustensiles servant à faire valoir les terres. » Cette proposition est inutile en présence de l'art. 524, qui déclare ces objets immeubles par leur destination, quand ils ont été placés sur le fonds par le propriétaire. On comprend cependant que les rédacteurs du Code l'aient énoncée, car le titre des substitutions est antérieur à celui de la distinction des biens or, dans l'ancien droit, ce n'était que par exception que les bestiaux et ustensiles nécessaires à l'exploitation d'un fonds, étaient considérés comme faisant partie de l'immeuble, c'était quelque chose de spécial à la matière des substitutions (art. 6 de l'ordonnance de 1747). Nous étendrons la disposition de l'art. 1064, à tout ce qui est déclaré par le Code immeuble par destination.

Le grevé doit faire emploi des deniers comptants, de ceux provenant de la vente des meubles, du recouvrement des créances et des remboursements de rentes (art. 1065, 1066); par une conséquence forcée du principe posé dans l'art. 1062, cet emploi ne pourra être fait qu'en immeubles, ou ce qui est équivalent pour la sûreté du grevé, avec privilége sur les immeubles (art. 1067), à moins que l'auteur de la disposition n'ait désigné la nature des effets dans lesquels l'emploi doit être fait.

L'exécuteur testamentaire est une personne que le testateur désigne pour veiller après sa mort, à l'exécution de son testament. D'après l'art. 1026, le testateur pour garantir l'exécution des legs mobiliers, est autorisé à donner à l'exécuteur testamentaire, la saisine de tout ou d'une partie de son mobilier, pendant l'an et jour à compter du décès. Cette précaution n'était pas nécessaire pour les legs d'immeubles, car ici il n'y a pas à craindre de détournement. Cette saisine doit être considérée sous le Code comme sous la législation coutumière, comme une détention matérielle, une simple garde des meubles qui rend l'exécuteur non pas possesseur, mais simple séquestre du mobilier; il n'aura qu'une saisine de fait qui ne diminue pas la saisine de droit de l'héritier ou du légataire universel.

C'est une question controversée que celle de savoir si le testateur peut donner à son exécuteur la saisine de tout ou partie de ses immeubles. La négative me semble incontestable en présence du texte de la loi, cette saisine est quelque chose d'exceptionnel, qu'on ne peut étendre sans arbitraire. En vain objecterait-on que le testateur aurait pu léguer ses immeubles en toute propriété à l'exécuteur; soit, il le pouvait, mais il ne l'a pas fait, *fecit quod non potuit, non fecit quod potuit.*

Aux termes de l'art. 1031, les exécuteurs testamentaires doivent faire procéder à l'inventaire des biens de la succession, ceci ne s'applique évidemment qu'aux meubles; ils provoqueront en outre la vente du mobilier à défaut de deniers suffisants pour acquitter les legs; le Code n'a pas reproduit la disposition de certaines coutumes, qui permettait aux exécuteurs de provoquer dans ce cas la vente des immeubles, aussi n'admettrai-je pas l'opinion des auteurs qui veulent tirer ce droit du quatrième alinéa de l'art. 1031, ainsi conçu : « ils veilleront à ce que le testament soit exécuté; » car cette proposition générale trouve sa restriction dans le troisième alinéa du même article.

Rattachons à cette division de notre matière l'art. 1988, d'après lequel, « le mandat conçu en termes généraux n'em« brasse que les actes d'administration. — S'il s'agit d'alié« ner ou d'hypothéquer, ou de quelque autre acte de pro« priété, le mandat doit être exprès. »

De la combinaison des deux parties de cet article, il résulte que la prohibition faite au mandataire général d'aliéner sans la déclaration expresse du mandant, n'est absolue et rigoureusement vraie que s'il s'agit d'immeubles, s'il s'agit, au contraire, d'objets mobiliers, il faudra distinguer si l'aliénation rentre ou non dans les pouvoirs d'un administrateur; les récoltes, les objets mobiliers sujets à dépérissement, d'une conservation difficile ou dispendieuse pourront être aliénés par le mandataire général sans clause spéciale dans le mandat, car ce sont là des actes d'administration.

III. Des démembrements de la propriété.

Les servitudes ou services fonciers ne s'appliquent qu'aux immeubles (art. 635), Il en est de même de l'emphytéose, si l'on admet avec la jurisprudence qu'elle existe encore sous la législation actuelle. Nous n'aurons donc à parler ici que de l'usufruit et de l'usage.

1° *De l'usufruit.* — « L'usufruit peut être établi sur toute « espèce de biens meubles et immeubles » (art, 581). En ce qui concerne les immeubles, remarquons que les servitudes réelles ne peuvent point faire l'objet principal et direct d'un droit d'usufruit, car elles n'ont point d'existence propre et indépendante du fonds auquel elles sont attachées; mais elles seront comprises à titre d'accessoire dans l'usufruit de l'immeuble dont elles augmentent l'utilité. Tous les biens meubles, au contraire, quels qu'ils soient, peuvent être directement l'objet d'un usufruit.

Les règles tracées par la loi sont différentes suivant qu'il s'agit de meubles ou d'immeubles; et d'abord, l'art. 587 s'occupe des choses mobilières dont on ne peut faire usage sans les consommer. Ces choses, par leur nature, ne sont pas susceptibles d'un véritable droit d'usufruit, puisqu'on ne peut en conserver la substance lorsqu'on s'en sert; pour arriver à constituer un quasi-usufruit sur ces objets, la propriété en est transférée à celui qui doit en jouir, sous la charge de rendre pareille quantité et qualité ou l'estimation à la fin de l'usufruit. De là il résulte que la caution ne doit pas garantir la jouissance en bon père de famille, comme l'art. 601 l'exige en général, mais la restitution de l'équivalent de ce qui a été reçu. L'art. 587 doit s'appliquer toutes les fois que les parties ont considéré les choses sur lesquelles l'usufruit a été établi, non point dans leur espèce et comme des individualités, mais seulement dans le genre auquel elles appartiennent, au poids, au nombre ou à la mesure.

S'il s'agit, au contraire, de meubles corporels considérés *in specie*, l'usufruitier a le droit de s'en servir «pour l'usage auquel ils sont destinés » (art. 589). C'est la même règle que pour les immeubles, il ne faut pas cependant donner toujours la même solution dans les deux cas. Ainsi, l'art. 589 accorde à l'usufruitier d'immeubles le droit de louer ou céder son droit. En ce qui touche les meubles, l'usufruitier n'a pas, en principe, le droit de location; car les meubles, en général ne sont point, par leur nature, destinés à être loués, ce n'est pas à ce mode de jouissance que recourt ordinairement un propriétaire, *nec tamen locaturum, quia vir bonus ita non uteretur.* Mais il en serait autrement si les objets mobiliers étaient destinés à être loués, tels seraient les livres d'un cabinet de lecture; les habitudes, la profession du propriétaire, et même parfois celles de l'usufruitier lui-même pourraient aussi apporter des restrictions au principe que nous avons posé.

Les baux des meubles consentis par l'usufruitier, suivant

les règles établies par les art. 1429 et 1430 auxquels renvoie l'art. 595, doivent, dans ces limites, être respectés par le propriétaire, après la fin de l'usufruit. La loi n'a pas réglé la durée de la location des meubles, dans les cas où elle est permise; il faudra donc la régir par la règle, *soluto jure dantis, solvitur jus accipientis,* et décider qu'elle prendra fin avec l'usufruit.

Les art. 605 et suivants qui déterminent les réparations dont est tenu l'usufruitier ne s'appliquent qu'aux immeubles; la loi est muette à cet égard en ce qui concerne les meubles; mais en déclarant dans l'art. 601, que l'usufruitier doit jouir en bon père de famille, elle annonce assez qu'il est tenu, même pour les meubles, de ces petites réparations, qu'exige l'entretien de toute chose, et c'est avec ce tempérament qu'il faut entendre la fin de l'art. 589, d'après lequel l'usufruitier de meubles n'est obligé de les rendre à la fin de l'usufruit que dans l'état où ils se trouvent, non détériorés par son dol ni par sa faute.

L'usufruitier ne peut entrer en jouissance qu'après avoir fait dresser, en présence du propriétaire ou lui dûment appelé, un inventaire des meubles et un état des immeubles sujets à l'usufruit (art. 600). S'il se met en possession des meubles avant d'avoir fait dresser l'inventaire, le propriétaire pourra prouver la consistance du mobilier par titres, par témoins et même par la commune renommée. S'il a appréhendé les immeubles sans qu'il y ait eu état, il sera présumé les avoir reçus en bon état.

Sauf trois exceptions indiquées par l'art. 601, l'usufruitier doit donner caution de jouir en bon père de famille. Lorsque l'immeuble sujet à l'usufruit est converti en une somme d'argent, l'usufruitier dispensé de caution pourra-t-il être forcé d'en donner une? L'art 39 de la loi du 3 mai 1841, décide l'affirmative au cas d'expropriation pour cause d'utilité publique, car il y a transformation de l'usufruit en quasi-usufruit; il n'est fait exception que pour le père ou la mère ayant l'usufruit légal des biens de leurs enfants. Je serai assez disposé à étendre cette précaution à tous les cas semblables, à moins qu'il ne s'agisse d'un usufruit universel (Bordeaux, 9 avril 1845).

Le propriétaire pourra exiger de la caution une solvabliité égale à la valeur totale des meubles compris dans l'usufruit, mais à l'égard des immeubles, il ne faudra prendre en considération que les dégradations plus ou moins considérables que l'usufruitier pourrait y commettre, à raison de leur nature et de leur destination.

Si l'usufruitier ne trouve pas de caution, la loi, dans les art. 602 et 603, prend certaines mesures différentes suivant la nature des biens. Les immeubles sont donnés à ferme ou mis en séquestre, les sommes comprises dans l'usufruit sont placées ; les denrées sont vendues et le prix en provenant est pareillement placé ; les intérêts de ces sommes et le prix des fermes appartiennent dans ce cas à l'usufruitier. S'il y a des meubles qui dépérissent par l'usage, le propriétaire seul et non l'usufruitier, peut exiger qu'ils soient vendus, pour le prix en être placé comme celui des denrées ; s'il ne l'exigeait pas, il les conserverait, sauf à payer, suivant les circonstances, quelque chose à l'usufruitier. La loi ne parle pas des meubles qui ne se détériorent pas par l'usage, le propriétaire les gardera, sans être obligé de payer à l'usufruitier l'intérêt du prix d'estimation. Les juges peuvent ordonner, suivant les circonstances, qu'une partie des meubles nécessaire à l'usage de l'usufruitier, lui soit délaissée sous sa simple caution juratoire à la charge de les représenter à l'extinction de l'usufruit.

Parmi les modes d'extinction de l'usufruit il n'en est qu'un petit nombre applicable au quasi-usufruit réglé par l'art. 587; ce sont, la mort de l'usufruitier, l'arrivée du terme ou de la condition qui auraient été apposés au titre constitutif; ajoutons qu'il ne pourra pas y avoir consolidation, mais seulement confusion. La perte de la chose n'éteindra pas l'usufruit; car c'est pour le quasi-usufruitier, devenu propriétaire, que la chose périt.

L'usufruit est sinon toujours éteint, du moins paralysé dans son exercice par la prescription acquisitive; il y aura intérêt à distinguer s'il s'agit de meubles ou d'immeubles, car nous verrons plus tard que les règles de cette prescription sont bien différentes suivant la nature des biens.

2° *De l'usage.* — Les art. 625 et suivants ne s'occupent directement que de l'usage des bâtiments ou des fonds de terre. L'usage peut cependant être établi sur des meubles, ainsi que le prouve l'art. 626 qui parle d'inventaire à faire. L'usager de meubles qui ne se consomment pas *primo usu*, pourra s'en servir suivant leur destination, sans pouvoir céder ni louer son droit, ceci se rapproche bien de l'usufruit. Nous assimilerons entièrement au quasi-usufruit, l'usage des choses mobilières, *quæ primo usu consumuntur.*

L'usage des meubles se confond à peu près avec l'usufruit; il en est autrement des immeubles; ainsi l'usager d'un fonds n'a le droit d'exiger des fruits qu'autant qu'il lui en faut pour ses besoins et ceux de sa famille (art. 630), et ne peut louer ni céder son droit (art. 631); il ne peut l'hypothéquer, etc.

IV. Des modes d'acquérir la propriété.

1° *Occupation.* — Ce mode d'acquérir la propriété n'est plus sous le Code applicable aux immeubles ; car d'après les art. 539 et 713 les biens sans maître et ceux des personnes qui décèdent sans héritiers ou dont les successions sont abandonnées, appartiennent non aux premier occupant mais à l'État ; or au conseil d'État il a été expressément déclaré que cette règle ne s'appliquait qu'aux immeubles ; ajoutons cependant qu'elle serait aussi applicable aux meubles dépendant d'une succession abandonnée.

Sauf l'exception ci-dessus, l'occupation reçoit de fréquentes applications en matière mobilière ; les art. 714 à 717 l'établissent formellement en ce qui concerne les choses dont l'usage est commun à tous, la chasse, la pêche, le trésor découvert dans le terrain d'autrui, les épaves maritimes, fluviales et terrestres. Nous n'avons pas à entrer dans les détails à ce sujet ; c'est assez pour nous d'avoir indiqué en cette matière la différence entre les meubles en général et les immeubles.

2° *Accession.* — Le Code traite dans deux sections différentes ce qui se rapporte aux immeubles et aux meubles en cette matière (Art. 552 à 564. — 565 à 577). Nous n'insisterons pas sur ce point ; nous ferons seulement remarquer que le principe de l'art. 2279 rendra assez rare l'application des règles relatives au droit d'accession en matière mobilière.

3° *Successions.* — Lorsqu'une personne ne laissait pas de

descendants, le droit coutumier divisait la succession en deux portions, d'une part les propres, c'est-à-dire les immeubles arrivés au défunt par succession ou donation d'un de ses parents, d'autre part, et sur la même ligne tous les meubles sans distinction et les acquêts, c'est-à-dire les immeubles qui n'étaient pas propres. Les propres retournaient à la ligne d'où ils venaient, *paterna paternis, materna maternis;* cette règle variait dans son application suivant les coutumes.

Pour les meubles et les acquêts le système successoral des coutumes se rapprochait de celui des novelles 127 et 118; il y avait des coutumes qui distinguaient entre les meubles et les acquêts.

L'art 732 repousse toutes ces distinctions : « La loi ne con« sidère ni la nature, ni l'origine des biens pour en régler la « succession. » Le Code présente trois dérogations à l'article 732 en ce qui concerne l'origine des biens. (Art. 351 et 352, 747, 766); mais au point de vue de la nature des biens, plus de distinction entre les meubles et les immeubles.

Si le Code ne fait plus de différence entre les biens, il distingue entre les nationaux et les étrangers (Art.726). La loi du 14 juillet 1819 a abrogé cet article; si nous en parlons c'est qu'à propos de l'art. 2 s'est élevée une difficulté qui peut nous intéresser. Cet article est ainsi conçu : « Dans le cas de « partage d'une même succession entre des cohéritiers étran« gers et français, ceux-ci prélèveront sur les *biens* situés en « France une portion égale à la valeur des biens situés en « pays étranger dont ils seraient exclus etc. » On s'est demandé si ce mot *biens*, dans le cas où l'étranger n'était pas domicilié en France comprenait aussi bien les meubles que les immeubles. Malgré la solution que j'ai donnée en principe sur l'art. 3 du Code, je crois qu'il faut ici décider l'affirmative; d'abord le texte nous y autorise, et cette solution est parfaitement conforme à l'esprit de la loi, qui tout en accordant une faveur aux étrangers, avait surtout pour but l'intérêt national.

Lorsque le partage d'une succession doit être fait en justice, il faut procéder à l'estimation des meubles et des immeubles qui la composent, les art, 824 et 825 du Code Nap. combinés avec les art. 970 et suivants du Code de procéd. nous donnent les règles à suivre à cet égard; constatons seulement les différences qui existent suivant les biens dont il s'agit. L'estimation des meubles doit toujours avoir lieu, à moins qu'il n'y ait eu précédemment une prisée faite dans un inventaire régulier; celle des immeubles au contraire, n'est plus obligatoire; elle n'est que facultative depuis la loi du 2 juin 1841 qui a révisé le Code de procédure, l'opportunité de cette mesure est laissée à l'appréciation discrétionnaire des magistrats. Ce sont les commissaires priseurs ou autres officiers ministériels compétents qui procèdent à l'estimation des meubles: ce sont des experts qui sont chargés de celle des immeubles; la mission de ces derniers ne se borne pas, comme lorsqu'il s'agit de meubles, à faire une simple estimation, ils doivent en outre indiquer si les immeubles estimés peuvent être commodément partagés, de quelle manière, fixer enfin en cas de division chacune des parts qu'on peut en former et leur valeur.

Chaque cohéritier peut demander sa part en nature des meubles et immeubles de la succession. L'art. 826, après avoir posé le principe y apporte deux dérogations en ce qui concerne les meubles; ils seront vendus: 1° s'il y a des créanciers saisissants ou opposants et qu'il n'y ait pas, dans la succession d'argent comptant pour les satisfaire; 2° si la majorité des cohéritiers juge la vente nécessaire pour l'acquit des dettes et charges de la succession; il ne s'agit pas ici de la majorité exigée en matière de concordat (art. 507 C. de comm.), mais seulement du plus grand nombre de voix; cette majorité ne pourra exiger la vente des meubles qu'à défaut de deniers comptants et jusqu'à concurrence des dettes et charges. Les meubles, dans ces deux cas, seront vendus publiquement suivant les formes tracées par le Code de procédure (art. 945 et suiv.).

A l'égard des immeubles, le législateur applique plus rigoureusement la règle d'après laquelle chacun des cohéritiers peut demander sa part en nature; il n'y a qu'un seul cas d'exception, c'est celui où les immeubles ne peuvent pas se partager commodément (art. 827); ce sera le seul cas où la majorité fera la loi à la minorité. Et même quand aucun des immeubles ne serait commodément partageable, la licitation n'aurait pas lieu si la totalité des immeubles pouvait servir à former des lots à peu près égaux. La licitation, quand elle a lieu, doit être faite, soit devant un juge à l'audience des criées, soit devant un notaire (art. 955 et suiv. C. de pr.).

D'après l'art. 832, les lots des cohéritiers ayant les mêmes droits, doivent être égaux, non-seulement quant à la valeur, mais aussi quant à la nature des biens qu'ils comprennent; il convient de faire entrer dans chaque lot la même quantité de meubles et d'immeubles, s'il se peut, ajoute l'article; l'égalité absolue au second point de vue, ne serait en effet pas souvent possible.

La matière du rapport nous offre de profondes différences suivant la nature des biens dont il s'agit. La règle pour les immeubles est que le rapport se fait en nature (art. 859) : l'immeuble donné est aux risques de la succession ; c'est elle qui supportera la perte ou la détérioration, qui profitera de l'amélioration de l'immeuble, pourvu, bien entendu, que ces événements soient arrivés par cas fortuit, sans le fait ni la faute du donataire. Dans deux cas seulement le rapport aura lieu en moins prenant : 1° si le donataire a aliéné l'immeuble, ce qu'il devra rapporter ce sera une somme d'argent, non pas égale au prix qu'il a reçu, mais représentant la valeur de l'immeuble au moment de l'ouverture de la succession (art. 860) ; s'il y avait eu aliénation forcée, le donataire devrait rapporter le prix qu'il a reçu ; 2° lorsqu'il existe dans la succession d'autres immeubles de même nature, valeur et bonté, dont on puisse former des lots à peu près égaux pour les autres cohéritiers, le donataire conserve l'immeuble sujet à rapport, et chacun de ses cohéritiers prélève dans la succession un immeuble à peu près équivalent.

Le rapport des meubles se fait toujours en moins prenant (art. 868). Le successible qui reçoit des meubles, en devient irrévocablement propriétaire et contracte l'obligation de rapporter, s'il accepte la succession du donateur, non pas les objets qui lui ont été donnés, mais une somme représentative de la valeur, d'après leur état au moment de la donation ; peu importe ce qui arrivera postérieurement, dès l'instant de la donation tout est fixé d'une manière invariable. Ainsi, tandis que les immeubles sont aux risqnes et périls de la succession, les meubles sont, au contraire, aux risques du successible donataire. Le même jour un oncle a donné à deux de ses neveux, à l'un un immeuble, à l'autre des meubles ; tout vient à périr par cas fortuit, le premier n'aura rieu à rapporter, le second, au contraire, devra rapporter la valeur estimative du mobilier au jour de la donation.

Au cas d'aliénation de l'immeuble donné, le rapport se fait en moins prenant, il diffère cependant du rapport en moins prenant des meubles; car le donataire de l'immeuble doit rapporter une somme égale à la valeur de l'immeuble au moment de l'ouverture de la succession, pour les meubles, au contraire, il faut considérer la valeur du mobilier en se reportant au moment de la donation.

C'est avec raison que le législateur a fait cette distinction entre les deux espèces de biens. Il n'a pas ordonné le rapport en nature pour les meubles comme pour les immeubles, car dans la jouissance du mobilier, il y a toujours une sorte d'absorption de la propriété ; ces objets se déprécient rapidement par l'usage; le rapport en nature n'aurait donc pas rétabli l'égalité entre les cohéritiers comme en matière immobilière.

On discute pour savoir si l'art. 868 est applicable aux meubles incorporels; malgré les motifs très-raisonnables sur lesquels s'appuie la négative, je crois qu'il faut suivre l'autre opinion : le mot mobilier de l'art. 868 opposé aux immeubles, comprend tout ce qui n'est pas immeuble; cet argument de texte a d'autant plus de force qu'il s'appuie sur l'ancien droit.

D'après l'art 830, lorsque le rapport n'a pas lieu en nature les prélèvements se font autant que possible en objets de même nature, qualité et bonté que les objets non rapportés en nature. L'art. 869 applique ce principe avec quelques modifications lorsqu'il s'agit de donations de sommes d'argent. Le rapport de l'argent donné se fait en moins prenant dans le numéraire de la succession ; en cas d'insuffisance, le donataire peut se dispenser de rapporter du numéraire en abandonnant jusqu'à concurrence du mobilier et à défaut de mobilier, des immeubles de la succession.

Nous pourrions parler ici de la séparation des patrimoines; mais nous renvoyons l'examen de cette question au moment où nous nous occuperons des privilèges et hypothèques.

Lorsqu'un des cohéritiers est évincé d'un des objets mobiliers ou immobiliers compris dans son lot, dans les conditions de l'art. 884, il a contre les autres une action en garantie pendant trente ans à partir de l'éviction. L'art. 886 trace des règles spéciales pour les rentes ; la garantie ici se prescrit par cinq ans seulement, et la prescription, au lieu de courir du jour de l'éviction, commence du jour du partage; nous restreindrons cette différence peu rationnelle au cas textuellement prévu par la loi ; or, elle ne règle que la garantie relative à l'insolvabilité du débiteur de la rente au moment du partage ; nous appliquerons donc le droit commun à la garantie relative à l'inexistence de la rente.

4° *Des donations entre-vifs et des testaments.* — D'après l'art. 948, tout acte de donation d'effets mobiliers n'est valable que pour les effets dont un état estimatif signé du donateur et du donataire aura été annexé à la minute de la donation. Cette disposition spéciale aux donations mobilières a un double but, d'assurer tout à la fois l'application de la règle « donner et retenir ne vaut, » et l'exécution des règles spéciales en matières de donation sur la réduction, le rapport, etc. Il eût été inutile de prendre la même précaution à l'égard des immeubles, aussi la loi ne l'a pas fait. L'art. 948 pose une règle applicable à toute espèce de meubles corporels et incorporels; mais lorsqu'il s'agit de donations faites de la main à la main de choses mobilières soumises à la règle de l'art. 2279, en un mot au cas de dons manuels, non-seulement l'art. 948 n'est pas applicable, mais la libéralité est dispensée des formes de l'art. 731, auxquelles il n'est jamais dérogé pour les immeubles. Cette exception était universellement admise sous l'empire de l'ordonnance de 1731, dont les termes étaient cependant aussi généraux que ceux de nos articles; elle est implicitement consacrée par l'art. 868 qui suppose qu'une donation de meubles peut être valable même en l'absence d'état estimatif.

Lorsque la donation a pour objet un corps certain, meuble ou immeuble appartenant au donateur, le donataire en acquiert la propriété dès que la donation est dûment offerte et dûment acceptée. Mais cette propriété est-elle opposable aux tiers comme au donateur lui-même? Oui s'il s'agit de meubles corporels, sauf toutefois l'application de l'art. 2279; s'il s'agit de meubles incorporels, de créances, pour avoir un droit opposable à tous, le donataire devra faire signifier la cession au débiteur cédé, ou obtenir son acceptation par acte authentique (art. 1690). Pour que le donataire d'un immeuble soit propriétaire *erga omnes*, il faudra qu'il fasse transcrire son titre (art. 937); et même d'après cet article cette formalité n'est nécessaire que pour les immeubles susceptibles d'hypothèque; mais depuis la loi nouvelle sur la transcription, il n'y a plus lieu de distinguer entre les immeubles. Sous l'ancien droit cette distinction entre les deux classes de biens n'existait pas, l'insinuation était exigée pour les donations mobilières comme pour les donations immobilières.

Nous aurons à faire une distinction analogue au cas de

révocation de donation pour cause d'ingratitude. L'art. 958 maintient les actes de disposition faits par le donataire d'un immeuble avant que les tiers n'aient eu connaissance de la demande en révocation, et cette connaissance est présumée lorsqu'il y a eu inscription de l'extrait de la demande en ré-révocation en marge de la transcription prescrite par l'art. 939.

Il ne peut être question de ce mode de publicité au cas de donations mobilières, puisqu'elles ne sont pas soumises à la transcription. En matière de meubles corporels, le tiers acquéreur sera le plus souvent protégé par l'art. 2279, à moins qu'il n'ait, avant la livraison, été averti par le donateur de la demande en révocation; s'il s'agit de créances, cette demande sera rendue publique par une notification faite au débiteur, et dès ce moment le donataire ne pourra plus les céder valablement.

Il est très important en matière de testament, de distinguer les deux classes de biens, lorsqu'un testateur a légué à l'un tous ses meubles et à l'autre tous ses immeubles; nous n'avons à cet égard qu'à nous reporter à ce que nous avons dit au commencement de ce travail.

L'art. 1000, qui traite des testaments faits en pays étranger contient deux dispositions dont la dernière est spéciale aux immeubles: « Ces testaments ne pourront être exécutés sur les biens situés en France, qu'après avoir été enregistrés au bureau du dernier domicile du testateur; et dans le cas où le testament contiendrait des dispositions d'immeubles qui seraient situés en France, il devra être en outre enregistré au bureau de la situation de ces immeubles, sans qu'il puisse être exigé un double droit. »

5° *Effet des conventions.* — Lorsque la loi n'impose pas de solennités spéciales comme en matière de donations, la propriété d'un corps certain est transférée par le seul effet de la convention de donner (art. 1138, 1583). Toullier, par suite d'une fausse interprétation de l'art. 1141, a prétendu que ce principe nouveau de notre droit ne s'appliquait qu'aux immeubles, et que pour les meubles corporels la tradition était nécessaire pour transférer la propriété. Mais cette opinion, qui ne résiste pas à l'examen et sur laquelle nous reviendrons du reste en étudiant l'art. 2279, est universellement rejetée aujourd'hui; il n'y a pas à cet égard de distinction à faire entre les deux classes de biens, il est certain que le simple consentement suffit pour transmettre la propriété d'un objet mobilier ou immobilier *inter partes* du moins. Mais devons nous ici, comme au cas de donation, distinguer entre les meubles et les immeubles en ce qui concerne la transmission de propriété à l'égard des tiers? Pour les meubles corporels et incorporels il suffit de nous reporter à ce que nous avons déjà dit précédemment. Faudra-t-il dire aussi que l'acquéreur d'un immeuble à titre onéreux doive transcrire son titre pour avoir un droit opposable à tous? Cette question vivement débattue avait été définitivement résolue en faveur de la négative par une jurisprudence constante, qui se fondait principalement sur cette considération, que les rédacteurs du Code avaient reproduit pour les donations mais non pour les aliénations à titre onéreux les dispositions de la loi de brumaire. Nous n'examinerons pas si cette opinion était bien ou mal fondée, car depuis la loi du 23 mars 1855, tous actes entre-vifs translatifs de propriété immobilière ou de droits immobiliers susceptibles on non d'hypothèque doivent être transcrits pour être opposables à tous. Il y a donc encore ici un grand intérêt à distinguer les meubles des immeubles.

6° *Prescription.* — La possession, entr'autres avantages, donne à celui qui en est investi les actions possessoires et fait arriver sous certaines conditions le possesseur à la propriété. A ce double point de vue il est très utile de distinguer entre les deux classes de biens. Les actions possessoires ne sont accordées qu'en matière immobilière ; « pour simples meubles, disait Loisel, on ne peut intenter complainte. » L'ancien droit accordait cependant l'exercice de ces actions lorsqu'il s'agissait d'une universalité de meubles (ord. de 1667 tit. 18, art. 1). Mais aujourd'hui on décide généralement qu'il n'y aura pas d'action possessoire même dans ce cas et on se fonde pour le dire sur ce que les textes qui traitent de cette matière supposent toujours qu'il s'agit d'immeubles (art. 3 § 2 pr. — Art. 6 § 1, loi du 25 mai 1838.) Cette question d'ailleurs ne s'est jamais présentée dans la pratique.

Le possesseur d'un immenble, dont la possession réuni les diverses conditions exigées par les art. 2229 et suivants, qui en outre est de bonne foi et a un juste titre, acquiert la propriété de cet immeuble par un laps de temps de dix à vingt ans suivant les distinctions faites dans les art. 2265 et suivants.

« En fait de meubles, la possession vaut titre, » dit l'article 2279. Cette formule, si on la prenait à la lettre et sans la compléter par les autres dispositions de la loi, constituerait entre les meubles et les immeubles une différence bien plus radicale que celle qui existe en réalité. Complétons donc cette formule, et en le faisant nous établirons à la fois lest points de ressemblance et de dissemblance entre la prescription acquisitive des biens mobiliers et immobiliers.

Pour appliquer l'art. 2279, il faut d'abord qu'il y ait possession, et que cette possession remplisse les conditions de l'art. 2228, qui les exige d'une façon générale, sans distinguer de quels biens il s'agit.

Il faut en premier lieu que cette possession soit à titre de propriétaire, l'art. 2236 le dit formellement pour les meubles comme pour les immeubles, puisqu'il range le dépositaire parmi les détenteurs à titre précaire. La possession doit être paisible et publique ; à ce dernier égard nous serons moins exigeants pour les meubles que pour les immeubles, car les actes d'un possesseur de meubles s'exercent ordinairement moins au grand jour, que ceux d'un possesseur d'immeubles ; il faut aussi que la possession soit non équivoque ; enfin, quant aux conditions de continuité et de non-interruption nous ne les exigerons que dans les cas exceptionnels où un possesseur de meubles doit posséder pendant un certain laps de temps pour arriver à la propriété.

L'art. 2265 exige en matière immobilière, le juste titre et la bonne foi. Malgré le silence de l'art. 2279 à cet égard, nous exigerons en principe ces deux mêmes conditions en matière mobilière. En ce qui concerne la bonne foi, nous avons un texte formel, l'art. 1141 ; en effet, cet article déclare que lorsqu'une chose mobilière vendue à une première personne, à laquelle on ne la livre pas, est ensuite vendue et livrée à une autre, celle-ci, par l'effet de sa possession, en devient propriétaire, pourvu, dit la loi, que cette possession soit de bonne foi. Remarquons du reste que la bonne foi est toujours présumée (art. 2268).

Il faut en outre, pour pouvoir invoquer l'art. 2279, posséder en vertu d'un juste titre, c'est-à-dire en vertu d'un fait qui aurait été translatif de propriété, s'il eût émané du véritable propriétaire ; en effet, si ce juste titre n'existe pas, de deux choses l'une, ou il n'y aura pas d'*animus domini*, il y aura détention précaire, ou il n'y aura pas de bonne foi. Seulement le fait de la possession fera présumer le juste titre, car en matière mobilière il n'est pas dans l'usage de constater par écrit la transmission de propriété, ce sera au revendiquant à prouver qu'il n'existe pas de juste titre ; il en était ainsi dans l'ancien droit. S'il s'agit d'immeubles au contraire, le juste titre ne sera pas présumé, et ce sera au défendeur à l'action en revendication à prouver qu'il existe.

Ainsi, nous le voyons, la différence entre les deux classes de biens n'est pas aussi radicale qu'elle aurait pu le paraître à première vue ; ce qui les distingue surtout c'est que pour arriver à la prescription des immeubles, il faut un certain laps de temps, tandis que pour les meubles il y a prescription instantanée ; lorsque les conditions ci-dessus sont remplies, la possession équivaut à un titre de propriété.

Deux motifs principaux ont guidé le législateur dans les dispositions différentes qu'il a édictées aux art. 2265 et 2279 ; d'abord la transmission des meubles ne s'opérant pas ordinairement par écrit, l'acquéreur ne peut vérifier si l'aliénateur est propriétaire de l'objet aliéné, il en est tout autrement s'il s'agit d'immeubles ; d'autre part, les objets mobiliers passant de main en main avec une grande rapidité, si la règle de l'art. 2279 n'existait pas, il en serait résulté un manque complet de sécurité dans le commerce et une série interminable de procès. Ces motifs ne s'appliquant qu'aux meubles corporels, nous en conclurons que l'art. 2279 ne s'applique ni aux universalités de meubles, ni aux meubles incorporels, tels que les créances et les rentes, en faisant à ce dernier égard une exception pour les titres au porteur. La jurisprudence après quelques hésitations est maintenant complétement fixée en ce sens (Cass. 11 mars 1839. — 14 août 1840. — 7 février 1849).

La règle posée par l'art. 2265 pour les immeubles, est absolue et sans exception; il en est autrement de celle contenue dans l'art. 2279. Quand c'est par perte ou vol qu'un meuble est sorti des mains de son propriétaire, le tiers acquéreur de bonne foi et par juste titre, n'en peut devenir propriétaire qu'après trois ans, à compter de la perte ou du vol, il n'a pas besoin pour prescrire, de trois ans de possession; mais il faut qu'il se soit écoulé trois années depuis la perte ou le vol. S'il s'agissait d'un possesseur de mauvaise foi, il aurait besoin de trente ans pour acquérir la propriété, c'est la même solution qu'au cas d'immeuble. Toute exception à une règle générale devant être entendue d'une manière étroite et restrictive, nous n'appliquerons pas l'article 2279-2°, s'il s'agit d'escroquerie ou d'abus de confiance (Cass. 20 mai 1835).

V. Des contrats.

1° *Du contrat de mariage.*

§ 1. *Communauté légale.* — Il n'est certes pas de matière dans le Code où se fasse sentir davantage la nécessité de distinguer entre les deux classes de biens et nous aurons à cet égard à apprécier si les règles que le législateur moderne a empruntées à l'ancien droit doivent toujours être approuvées au point de vue des résultats pratiques.

Composition de l'actif. — La communauté comprend d'abord, aux termes de l'art. 1401 « tout le mobilier que les époux possèdent au jour de la célébration du mariage. » Cette disposition comprend tout ce qui est déclaré meuble par la loi dans les art. 529 et suivants, meubles corporels, créances de sommes, rentes perpétuelles ou viagères, actions ou intérêts dans les compagnies de finance, commerce ou industrie, encore que des immeubles en dépendent, etc... A ce dernier égard remarquons que si la société vient à se dissoudre pendant le mariage, les valeurs immobilières provenant de la liquidation tomberont dans l'actif de la communauté, qui est mise aux lieu et place de l'époux originairement actionnaire. Mais que décider si la société est déjà dissoute mais non liquidée au moment où le mariage est célébré? le droit de l'époux n'est plus mobilier, deviendra-t-il commun ou lui restera-t-il propre? Cette question doit, ce me semble, se résoudre par la règle suivie dans le cas où l'un des conjoints est au moment du mariage cohéritier dans une succession à la fois mobilière et immobilière, en d'autres termes le droit de l'époux est en suspens tant que dure l'indivision ; en vertu de sa nature purement déclarative, le partage aura pour effet de faire considérer l'époux comme ayant été toujours et exclusivement propriétaire des objets provenant de la société dissoute et échus dans son lot, en sorte que la communauté aura tout le mobilier échu au sociétaire, qui aura comme propres les immeubles que le partage lui aura attribués.

Si l'un des époux a une créance alternative d'un meuble ou d'un immeuble, comme c'est le paiment seul qui détermine la nature mobilière ou immobilière de la créance, alors seulement on pourra dire quel sera le sort de l'objet au point de vue de la composition de la communauté. Il en est autrement quand l'obligation est facultative ; sa nature et par conséquent le droit de la communauté sont alors fixés *ab initio* par la nature de l'objet unique de l'obligation, sans que celle de l'objet *in facultate solutionis*, puisse exercer ici une influence, quand même il serait donné en paiement.

La règle posée par la loi pour le mobilier présent est aussi applicable au mobilier que les époux viendraient à acquérir pendant la communauté. Il est vrai que l'art. 1401 ne parle que du mobilier « qui leur échoit à titre de succession ou donation, » mais il en est de même en principe pour les meubles acquis de quelque manière que ce soit. Il en était ainsi sous l'empire des coutumes de Paris et d'Orléans, que les rédacteurs du Code ont voulu reproduire, ainsi que le prouvent jusqu'à l'évidence les travaux préparatoires et particulièrement le discours de M. Siméon ; cela résulte en outre par un double argument *a fortiori* des deux dispositions de l'art. 1401, dont l'une déjà citée fait tomber en communauté les meubles acquis par succession ou donation et dont l'autre donne la même solution pour les immeubles acquis pendant le mariage.

Le principe posé pour le mobilier présent est absolu et sans exception ; il n'en est pas de même pour le mobilier futur. Resteront propres à l'époux : les meubles qui lui ont été donnés ou légués sous la condition expresse qu'ils n'entreront pas en communauté, ceux acquis en échange d'un propre mobilier, enfin les produits des propres qui ne sont pas rangés dans la classe des fruits. Ainsi pendant le mariage une coupe extraordinaire est faite dans un bois non aménagé propre à l'un des époux, une mine ou une carrière est ouverte, les bois coupés, les produits des mines et carrières restent propres, comme le bois d'où ils ont été détachés (art. 1403). Nous ferons aussi rentrer dans cette dernière exception la moitié du trésor attribué *jure soli* à l'époux propriétaire du fonds, ce n'est pas un fruit, mais un produit extraordinaire perçu à l'occasion du fonds (art. 598). Telle était d'ailleurs l'opinion de Pothier qui a surtout servi de guide au législateur.

L'art. 4 de la loi du 18 juin 1850, sur la Caisse des retraites, déroge aux règles ci-dessus énoncées, il est ainsi conçu : « Le versement opéré antérieurement au mariage reste propre à celui qui l'a fait. Le versement fait pendant le mariage par l'un des conjoint profite séparément à chacun d'eux par moitié. »

En regard des règles concernant les meubles, mettons celles qui s'occupent des immeubles. Et d'abord les immeubles dont les époux sont propriétaires au moment du mariage n'entrent point en communauté (art. 1404). On le voit, c'est le contrepied de ce qui se passe pour le mobilier présent. Cette différence est un vestige malheureusement conservé de l'ancien droit, sous l'empire duquel il était vrai de dire : *vilis est mobilium possessio;* mais il n'en est plus de même aujourd'hui, que la fortune mobilière compose bien souvent tout le patrimoine d'une famille. Aussi le système du Code amènera-t-il parfois à ce résultat choquant, que l'un des époux apportera tout son patrimoine dans la communauté, tandis que l'autre n'y apportera rien ou presque rien. En vain me dira-t-on que le remède est facile et qu'il suffira de faire un contrat de mariage dérogeant à la communauté légale; je n'en serai pas moins fondé à critiquer le système de la loi, qui constitue le droit commun en matière d'association conjugale.

Quoi qu'il en soit, telle est la règle et nous devons la suivre. Pour qu'un immeuble reste propre à l'époux, il suffit qu'il le possède au moment du mariage (art. 1404), si la propriété ne lui arrive par la prescription que durant la communauté, l'immeuble sera propre, la prescription accomplie remonte au jour où a commencé la possession. Nous donnerons la même solution, quoique l'époux ne possède pas l'immeuble au moment de la célébration, s'il en devient plus tard propriétaire, en vertu d'une cause antérieure au mariage.

Le principe posé à l'égard des immeubles présents ne reçoit d'exception que dans un cas spécial prévu par l'art. 1403 2°. L'immeuble acquis dans l'intervalle qui sépare le contrat de mariage du jour de la célébration du mariage, tombe dans la communauté; cette exception a pour but d'empêcher la fraude qu'il serait facile à l'un des époux de commettre au préjudice de l'autre, s'il pouvait en immobilisant sa fortune, soustraire à la communauté les biens mobiliers en vue desquels le régime de communauté a été stipulé par l'autre partie. De ce motif de la loi concluons que pour appliquer cette disposition exceptionnelle, il faut que l'immeuble ait été acquis en échange de valeurs mobilières qui devaient tomber en communauté; il n'en serait pas ainsi s'il était acquis à titre gratuit ou même à titre onéreux en échange d'un autre immeuble, ou si, l'acquisition était faite en exécution d'une des clauses du contrat de mariage.

Que décider dans l'hypothèse inverse, lorsque l'un des époux dans l'intervalle des deux contrats, a converti ses immeubles en meubles, ces valeur mobilières lui resteront-elles propres? Pothier admettait cette exception comme la précédente; mais dans le silence de la loi nous devons la repousser; il n'y a d'ailleurs pas les mêmes raisons de décider.

Les immeubles acquis pendant le mariage tombent en communauté (art. 1401 3°). C'est la même règle que pour les meubles; seulement les exceptions en matière immobilière sont beaucoup plus nombreuses qu'en matière mobilière. Ainsi, restent propres, les immeubles qui échoient à l'un des époux : 1° à titre de succession (art. 1404) ; 2° à titre de donation ou de legs (art. 1405); 3° l'immeuble cédé ou abandonné par un ascendant soit à titre de *datio in solutum*, soit à la charge de payer les dettes de cet ascendant (art. 1406); 4° celui acquis en échange d'un propre (art. 1407); 5° ou en remploi (art. 1434, 1435); 6° la portion d'immeuble acquise par licitation ou à l'amiable par l'époux qui avait déjà dans cet immeuble une portion indivise (Art. 1408); 7° l'accession immobilière à un propre.

A la dissolution de la communauté, l'époux reprend en nature ses propres immobiliers, car il en est resté propriétaire; à l'égard des propres mobiliers, il faut faire une distinction; s'il s'agit d'objets qui se consomment par le premier usage, ou livrés sur estimation, ou destinés à être vendus, l'époux n'aura qu'une créance contre la communauté; il ne restera propriétaire et n'effectuera sa reprise en nature que pour les autres propres mobiliers.

Composition du passif. Nous distinguerons entre les dettes qui existent au moment de la célébration et celles qui surviennent pendant le cours du mariage. A l'égard des premières, le Code distingue comme il l'a fait pour l'actif ; les dettes mobilières comme les biens mobiliers tombent dans la communauté, les dettes immobilières, comme les biens immobiliers, restent personnelles à chaque époux. Cette corrélation très rationnelle en apparence conduira cependant à des conséquences vraiment inacceptables ; il peut en effet arriver que la communauté paie tout le passif d'un conjoint qui ne lui a rien apporté, et réciproquement qu'elle ne paie aucune portion du passif d'un époux auquel elle a pris tout son actif. Les dettes immobilières se rencontraient fréquemment dans l'ancien droit, sous l'empire duquel les rentes étaient immeubles et la convention de donner un corps certain n'entraînait pas translation de propriété ; on peut cependant en trouver encore des exemples sous la législaton actuelle.

Sur la règle de l'art. 1409 1° faisons une double remarque ; d'une part les dettes même immobilières du mari pourront être poursuivies sur la communauté, sauf bien entendu récompense à cette dernière si elle a payé. D'autre part, et à l'inverse, la communauté n'est tenue des dettes mobilières de la femme, qu'autant qu'elles résultent d'un acte authentique antérieur au mariage ou ayant reçu date certaine avant cette époque (art. 1410). Enfin la communauté n'est pas tenue de la même manière de toutes les dettes mobilères des époux ; les unes restent définitivement à sa charge ; elle ne doit payer les autres que sauf récompense ; pour faire cette distinction ce n'est plus comme précédemment l'objet de la dette, c'est la cause de la dette qu'il faut prendre en considération; si elle a pour cause l'acquisition, l'amélioration, la conservation ou le recouvrement d'un bien resté propre à l'un des conjoints, (il s'agira le plus souvent d'immeubles), elle n'entrera en communauté qu'à charge de récompense.

Les art. 1411 et suivants règlent la composition passive de la communauté au point de vue des dettes qui grèvent les successions et donations échues aux époux pendant la communauté; ici le principe est bien différent de celui qui est posé pour la catégorie des dettes que nous venons d'étudier; au lieu d'établir, comme précédemment, la corrélation entre telle nature de biens et telle nature de dettes, on l'établit entre l'émolument que la communauté gagne et le passif, quelle qu'en soit la nature; il ne s'agira donc plus de savoir si les dettes sont mobilières ou immobilières, mais si la succession se compose de meubles ou d'immeubles, de biens qui tombent ou non en communauté. D'où une triple distinction faite par la loi; la succession est-elle purement mobilière, la communauté profitant de tout l'actif, supportera toutes les dettes mobilières ou immobilières, peu importe (art. 1411). A l'inverse, si la succession est purement immobilière, les dettes qui la grèvent ne seront pas supportées par la communauté (art. 1412). Enfin, la succession est-elle à la fois mobilière et immobilière, ce qui arrivera le plus souvent, la communauté n'aura à supporter les dettes que jusqu'à concurrence de la portion contributoire du mobilier dans le passif, eu égard à la valeur de ce mobilier comparée à celle des immeubles. Cette portion contributoire se règle d'après l'inventaire auquel le mari doit faire procéder, que la succession soit échue à lui ou à la femme. S'il n'y a pas eu d'inventaire et que ce défaut préjudicie à la femme, celle-ci ou ses héritiers pourront, à la dissolution de la communauté, faire preuve de la consistance du mobilier par titres, témoins et même par commune renommée; le mari ne sera jamais recevable à faire cette preuve. Le défaut d'inventaire aura encore pour résultat, lorsque le mobilier de la succession aura été confondu avec celui de la communauté, de permettre aux créanciers de la succession échue à la femme, de poursuivre leur paiement sur les biens de la communauté, même lorsque la femme n'a accepté qu'avec autorisation de justice, sauf récompense, bien entendu (art. 1416).

Les art. 1411 et suivants ne s'appliquent qu'aux successions échues pendant la communauté et non à celles auxquelles les époux ont été appelés avant le mariage, à l'égard desquelles il faut appliquer l'art. 1409 1° qui distingue entre les dettes mobilières et immobilières (C. de Douai, 6 janvier 1846).

Nous n'avons pas à nous occuper des dettes contractées par les époux pendant le mariage; car les distinctions faites à ce sujet par la loi, ne rentrent pas dans notre matière.

Lorsque la dissolution de la communauté s'opère par la mort de l'un des époux, la loi impose au survivant l'obligation de faire inventaire sous certaines peines et déchéances, que nous allons parcourir. Cet inventaire, qui ne s'applique qu'aux choses mobilières, a pour but de constater le montant de ces valeurs, afin d'en empêcher le détournement; il n'y a rien à craindre de semblable pour les immeubles. Le défaut d'inventaire ne donne plus lieu, comme dans l'ancien droit, à la continuation de la communauté; seulement, les parties intéressées pourront, relativement à la consistance des biens et effets communs, faire la preuve, tant par titres que par la commune renommée. S'il y a des enfants mineurs, le défaut d'inventaire fera perdre en outre à l'époux survivant, la jouissance légale des biens de ses enfants (art. 1442). Quoique la loi ne fixe pas de délai, on admet généralement que l'inventaire devra être fait ici comme dans d'autres circonstances, dans les trois mois de la dissolution de la communauté.

La femme survivante qui veut conserver la faculté de renoncer, doit dans les trois mois du jour du décès du mari, faire faire inventaire des effets de la communauté (art. 1456). Cette nécessité de l'inventaire n'existe pas quand la communauté est dissoute par la séparation de corps et de biens (article 1463). Enfin, aux termes de l'art. 1483, la femme pour n'être tenue des dettes de communauté tant envers son mari qu'envers les créanciers, que jusqu'à concurrence de son émolument doit avoir fait procéder à un bon et fidèle inventaire.

L'art. 1471, qui règle les prélèvements de la femme, nous offre encore un intérêt de distinguer entre les deux classes de biens; il décide en effet que pour les biens qui n'existent plus en nature, les prélèvements s'exercent d'abord sur l'argent comptant, ensuite sur le mobilier et subsidiairement sur les immeubles de la communauté; dans ce dernier cas le choix des immeubles est déféré à la femme ou à ses héritiers; on décide généralement que l'option accordée à la femme entre les divers immeubles, doit *a fortiori* lui être accordée relativement aux meubles. La disposition de l'article 1471, ne s'applique pas dans le cas où la femme a renoncé à la communauté.

§ 2. *De la communauté conventionnelle.* — Parmi les clauses modificatives de la communauté légale, les unes sont restrictives, en ce sens qu'elles excluent de la communauté des biens mobiliers qui y seraient tombés sous l'empire du droit commun, d'autres au contraire sont extensives, c'est-à-dire qu'elles font tomber en communauté des immeubles qui sous la communauté légale sont considérés comme propres.

Nous ne pouvons pas examiner avec détail chacune de ces clauses; cela nous entraînerait trop loin, nous nous occuperons seulement sous quelques unes d'entre elles de questions se rapportant directement à notre sujet. Et d'abord la communauté d'acquêts se compose, entre autres choses, des biens, meubles ou immeubles, acquis pendant le mariage avec les économies faites sur les revenus communs. Il était d'un usage fréquent dans l'ancien droit, surtout en Normandie, de stipuler une société d'acquêts immobiliers seulement, en sorte que les époux n'étaient alors communs que pour les immeubles acquis pendant le mariage, les acquêts mobiliers demeurant la propriété du mari, Un grand nombre d'auteurs a prétendu que cette clause n'était plus permise sous le Code, en se fondant sur cette considération que la position serait trop préjudiciable à la femme et trop commode pour le mari ; mais ce motif, fût-il suffisant, ce qui est contestable, ne tombe-t-il pas de lui-même sous l'empire d'une législation qui admet l'exclusion de communauté, régime bien plus préjudiciable à la femme. Aussi la jurisprudence a-t-elle toujours validé cette clause (Bruxelles, 5 nov. 1823. Caen 31 mai 1828, 21 janvier 1850).

Lorsqu'il y a clause de réalisation, les meubles sont considérés comme des immeubles mais seulement au point de vue de la composition de la commuuauté; à tous autres égards ils gardent leur nature; ainsi nous appliquerons ici ce que nous avons déjà dit sur la différence entre les propres mobiliers et immobiliers; d'autre part en ce qui concerne le mobilier réalisé qui tombe en communauté pour la propriété sauf récompense, le mari aura les mêmes pouvoirs que pour tous autres meubles de communauté.

A l'inverse lorsqu'il y a clause d'ameublissement, les immeubles auxquels elle s'applique jouent le rôle de meubles, eu égard à la composition de l'actif commun; cette formule n'est exacte que lorsqu'il y a ameublissement parfait; mais si l'immeuble n'est ameubli que jusqu'à concurrence d'une certaine somme, il ne devient pas la propriété de la communauté; aussi l'art. 1507, supposant la clause consentie par la femme, décide que le mari ne pourra aliéner cet immeuble sans le consentement de la femme; mais il pourra l'hypothéquer sans son consentement jusqu'à concurrence seulement de la portion ameublie. Le même article dit d'une façon générale que « l'effet de l'ameublissement parfait est de rendre les immeubles qui en sont frappés biens de la communauté comme les meubles mêmes. » A cette assimilation nous ferons une restriction au point de vue des pouvoirs du mari sur les biens communs; à cet égard les biens ameublis garderont leur nature immobilière et ne joueront pas le rôle des meubles.

D'après l'art. 1509. l'époux qui a ameubli un héritage, a, lors du partage la faculté de le retenir, en le précomptant sur sa part pour le prix qu'il vaut alors, et ses héritiers ont le mêd[illegible]it. Ce droit particulier de prélèvement qui a pour motif la conservation des biens immobiliers dans les familles, est quelque chose de tout spécial aux immeubles ameublis et n'existe pas pour le mobilier apporté par un conjoint dans la communauté.

§. 3. *Du régime dotal.* — Plaçons-nous successivement, au point de vue qui nous occupe, au début, pendant le cours et à la dissolution du mariage. Pour savoir si les objets dotaux resteront la propriété de la femme ou deviendront celle du mari, il importe de distinguer la nature des biens. Et d'abord, parmi les meubles, ceux qui se consomment par le premier usage ou qui sont destinés à être vendus, deviennent la propriété du mari, car l'usufruit de ces choses consiste dans le droit même de propriété (Art. 587). A l'égard des autres objets mobiliers, il en sera de même s'ils sont mis à prix par le contrat de mariage, à moins de déclaration formelle que l'estimation n'en fait pas vente. Le principe posé par l'article 1551 est général et repousse la distinction que certains auteurs ont voulu faire pour les meubles incorporels. La règle posée par l'art. 1552 à l'égard des immeubles constitués en dot est toute différente ; il dit en effet que « l'estimation donnée à l'immeuble constitué en dot n'en transporte point la propriété au mari, s'il n'y a eu déclaration expresse. » Le législateur n'admet qu'on a voulu se dépouiller de la propriété d'un héritage que s'il y a manifestation certaine de la volonté à cet égard.

L'art. 1554 pose le principe de l'inaliénabilité du fonds dotal. « Les immeubles constitués en dot ne peuvent être aliénés ou hypothéqués pendant le mariage ni par le mari, ni par la femme, ni par les deux conjointements. » Que décider à l'égard de la dot mobilière, à l'égard des meubles dotaux qui sont restés la propriété de la femme? Cette question se divise en deux : le mari peut-il aliéner les meubles dotaux, la femme dûment autorisée peut-elle le faire?

Sur la première question l'affirmative résulte de l'art. 1549, et par argument *a contrario* du texte de l'art. 1554; le mari n'est plus, il est vrai, *dominus dotis*, mais il a des pouvoirs d'administration très étendus dans lesquels rentre cette aliénation du mobilier. Il en était ainsi dans le parlement de Toulouse, qui ne faisait du reste à cet égard, que suivre la doctrine romaine. A ce premier point de vue, si on envisage les choses au fond, la jurisprudence adopte pleinement cette manière de voir ; ainsi dans divers arrêts de la Cour de cassation nous trouvons énoncée en termes formels cette idée que « pour tout ce qui est constitué en dot, en fait de meubles, le mari a pendant le mariage le droit de libre et entière disposition » (1er févr. 1810 — 12 août 1846 — 11 août 1848). Et cependant dans ces arrêts nous trouvons toujours l'expression « d'inaliénabilité de la dot mobilière; » c'est ainsi qu'un arrêtiste très connu, M. Devilleneuve, résume l'état de jurisprudence, « d'après laquelle, dit-il, le mari peut disposer de la dot mobilière, quoiqu'elle soit *inaliénable.* » Inaliénable! mais en quel sens? au point de vue de la femme. En effet, la cour suprême décide par une série nombreuse d'arrêts, que la femme dûment autorisée, ne peu aliéner son mobilier dotal, et en particulier qu'elle ne peut subroger un tiers dans l'hypothèque légale qu'elle a sur les biens de son mari pour assurer la restitution de sa dot (*Adde.* 26 mai 1836 — 2 janvier 1837 — 18 fév., 16 août, 1er déc. 1851). Il ne s'agit pas ici d'inaliénabilité, puisqu'on accorde au mari la libre disposition, il s'agit d'incapacité prononcée contre la femme dotale. Sur cette seconde question il y a dissentiment complet entre la jurisprudence et la généralité des auteurs. Pour ma part je trouve peu rationnelle la distinction faite par les arrêts entre les deux cas ; je ne comprends pas qu'on accorde au mari sur les biens dotaux restés la propriété de la femme, un droit qu'on n'accorde pas à la femme dûment autorisée. La femme dotale reste capable, pourvu qu'elle soit autorisée ; dire qu'il y a incapacité d'aliéner, c'est faire une exception qui n'existe pas dans la loi. Du moment où on accorde au mari le droit d'aliéner, on reconnait par là même que les dispositions de la loi qui prononcent l'inaliénabilité ne s'appliquent qu'aux immeubles, comme le prouvent du reste le texte des art. 1554, 1557, 1561, etc., et l'intitulé de la section. Invoquera-t-on l'ancien droit? Mais cet argument ira trop loin si on s'appuie sur la doctrine des Parlements qui déclaraient la dot mobilière inaliénable pour le mari comme pour la femme ; il est vrai que le parlement de Toulouse, en admettant l'aliénabilité pour le mari, faisait une restriction pour la femme, par application du sénatus-consulte Velléien, qui annulait les cautionnements consentis par la femme dans l'intérêt de son mari ou d'un tiers ; mais le sénatus-consulte Velléien n'existe plus et on ne peut, sans arbitraire, y substituer une disposition restrictive qui ne se trouve pas dans la loi. En vain fera-t-on valoir des considérations en faveur de la dot mobilière, qui, aujourd'hui surtout, est tout aussi digne de protection que la dot immobilière.

Cette observation, dont nous reconnaissons la justesse, pourrait suffire pour entraîner la volonté d'un législateur, mais elle est insuffisante pour former la conviction d'un juge, d'un interprète de la loi ; bien plus, elle se retourne contre ceux mêmes qui l'invoquent ; n'avons-nous pas vu en effet, dans bien des matières, que cette idée n'a jamais préoccupé les rédacteurs du Code, pour qui le plus souvent les immeubles sont tout et les meubles rien.

L'art. 1561, comme corollaire de l'inaliénabilité, proclame l'imprescriptibilité des immeubles dotaux. Les meubles, toujours aliénables, seront également prescriptibles ; il en sera de même des immeubles que le contrat déclare aliénables.

La matière de la restitution de la dot nous offre encore divers intérêts de distinguer entre les deux classes de biens. En effet, suivant que le mari est devenu ou non propriétaire des objets dotaux, il doit restituer le prix d'estimation ou des choses semblables, si ce sont des choses fongibles, dans le premier cas, ou les choses en nature dans le second cas. Or, nous avons vu que pour savoir si la propriété passe ou non au au mari, il faut distinguer entre les meubles et les immeubles. Quant aux choses dont le mari est devenu propriétaire, le *quantum* de la restitution est fixé par l'estimation qui l'a rendu propriétaire (art. 1551-1552), ou par la valeur qu'avaient au moment du mariage, les choses fongibles non estimées. S'il s'agit, au contraire, de biens dont la femme est restée propriétaire, ils doivent lui être restitués dans l'état où ils sont au moment où naît l'obligation de les restituer ; ici les risques sont pour la femme, tandis que dans le premier cas ils sont pour le mari. Les art. 1566 et suivants contiennent l'application de ces règles. L'art. 1566 2° contient quelque chose de tout spécial pour certains objets mobiliers : « La femme pourra, dans tous les cas, retirer les linges et hardes à son usage actuel, sauf à en précompter la valeur, lorsque ces linges et hardes auront été primitivement constitués avec estimation. » Il y a là une double dérogation au droit commun; en effet, s'il n'y avait pas eu estimation, la femme n'aurait droit qu'à reprendre les vêtements par elle primitivement apportés, dans l'état où ils se trouveraient; la loi établit une espèce de subrogation des vêtements actuels à ceux qui ont été constitués en dot. D'autre part, s'il y a eu estimation, la femme, d'après la règle générale, n'aurait droit qu'à une somme d'argent; mais ici encore, pour un motif facile à comprendre, la loi fait fléchir le principe, et autorise la femme à retirer les linges et hardes à son usage actuel, sous l'obligation de déduire leur valeur sur le prix d'estimation dont elle est créancière.

Enfin, aux termes des art. 1564 et 1565, si le mari est débiteur de corps certains, il peut être contraint de les restituer sans délai ; s'il s'agit au contraire de sommes d'argent ou de quantités, la loi lui accorde un délai d'un an pour en opérer la restitution; car dans ce dernier cas, il n'a peut-être pas en sa possession les sommes ou quantités dont il est débiteur, un certain temps lui est donc nécessaire pour se les procurer.

2° *De la vente.* — Nous avons déjà vu sous l'art. 1138, qu'il faut distinguer entre les immeubles, les meubles corporels et incorporels au point de vue de la transmission de propriété *erga omnes*, nous n'avons donc pas à y revenir sous l'art. 1583.

Dans l'ancien droit sous l'empire de certaines coutumes, la preuve de la vente d'un immeuble ne pouvait être faite que par un acte authentique ; les rédacteurs du Code ont repoussé un amendement proposé en ce sens par le Tribunat.

Il n'y a donc pas de différence à cet égard entre les meubles et les immeubles; on suivra les règles ordinaires des preuves pour établir qu'il y a eu vente; dans l'usage, les transmissions d'immeubles se constatent toujours par écrit. Il est deux cas relatifs à des biens mobiliers où la vente doit être prouvée par un écrit, la vente d'un navire (art. 105 C. de com.), la cession totale ou partielle d'un brevet d'invention (art. 20 l. de 1844); et même dans ce dernier cas il faut un acte authentique; et en outre pour que la cession soit valable à l'égard des tiers, il faut qu'elle ait été enregistrée au secrétariat de la préfecture.

Les art. 1605 et suivants qui traitent de la délivrance, distinguent suivant que la chose vendue est mobilière, immobilière, corporelle ou incorporelle. Dans l'ancien droit lorsque la propriété ne se transférait que par la tradition, la délivrance était une des obligations les plus importantes du vendeur. Mais aujourd'hui la délivrance ne produit plus (sauf le cas de vente de choses *in genere*) cet effet capital; à l'égard des immeubles elle aura pour unique effet de mettre l'acheteur à même de se servir de la chose; le résultat sera beaucoup plus sérieux en matière mobilière; lorsque la délivrance mettra l'acheteur en possession réelle de l'objet; elle permettra d'invoquer l'art. 2279. D'après l'art. 1605 « l'obligation de délivrer les immeubles est remplie de la part du vendeur, lorsqu'il a remis les clefs s'il s'agit d'un bâtiment, ou lorsqu'il a remis les titres de propriété » ; cette disposition est incomplète ; il faut que le vendeur mette l'acheteur à même de jouir ; c'est un emprunt maladroitement fait à l'ancien droit qui se contentait de la remise des clefs ou des titres pour la translation de propriété ; mais ce n'est pas de cela qu'il s'agit ici. « La délivrance des effets mobiliers, dit l'art. 1606, s'opère ou par la tradition réelle, ou par la remise des clefs des bâtiments qui les contiennent, (ce qui constitue aussi une tradition réelle), ou même par le seul consentement des parties, si l'acheteur les avait déjà en son pouvoir au moment de la vente, ou si le transport ne peut pas se faire à ce moment. » Dans ce dernier cas l'acheteur ne pourrait pas invoquer l'article 2279 ; un second acheteur mis en possession lui serait préféré. Enfin « la tradition des droits incorporels se fait ou par la remise des titres ou par l'usage que l'acquéreur en fait du consentement du vendeur » (art. 1607).

Le vendeur d'objets mobiliers ou immobiliers est obligé de garantir l'acquéreur de l'éviction qu'il souffre dans la totalité ou partie de l'objet vendu (art. 1626). S'il y a éviction totale, l'acheteur a droit à la restitution de la totalité du prix, encore que la chose ait diminué de valeur (art. 1631). S'il y a éviction partielle, la valeur de la partie dont l'acquéreur se trouve évincé, lui est remboursée suivant l'estimation à l'époque de l'éviction, et non proportionnellement au prix de la vente, soit que la chose vendue ait augmenté ou diminué de valeur (art. 1637). Tous les auteurs sont d'accord pour appliquer l'art. 1637 et non l'art. 1631, quand la chose vendue est un droit temporaire, comme un usufruit ou une rente viagère, et que l'éviction n'a eu lieu qu'après un certain délai. Nous déciderons de même lorsqu'il s'agira de certains objets mobiliers, tels que les animaux ; car les animaux ayant une existence limitée, l'acheteur n'a eu en vue qu'un certain nombre d'années de services qui se sont en effet réalisées pour partie ; on ne peut donc pas dire qu'il y ait réellement éviction totale. Telle était l'opinion de Dumoulin et de Pothier; or l'art. 1631 ayant été emprunté à ces auteurs, il faut l'entendre avec les restrictions qu'ils y apportaient eux-mêmes.

D'après l'art 1641, le vendeur est tenu de la garantie, à raison des défauts cachés de la chose vendue. Cette garantie est due pour toute espèce de choses, aussi bien pour les immeubles que pour les meubles, quoiqu'on ait enseigné le contraire ; la doctrine constante de l'ancien droit et les termes généraux de l'art. 1641, ne laissent pas de doute à cet égard. Aussi est-ce avec raison que des arrêts ont appliqué nos articles, soit au cas de vente d'une maison dont la charpente était vermoulue, soit au cas de vente d'une prairie dont les herbes étaient vénéneuses (Lyon, 5 août 1824. — Bourges, 18 nov. 1843.—Cass. 16 nov. 1853). La loi du 20 mai 1838, applicable seulement aux espèces chevaline, bovine et ovine, a apporté diverses modifications au Code, dont les principales sont : la détermination d'une manière limitative des vices rédhibitoires, l'abrogation de l'action en diminution de prix, et la fixation d'un délai uniforme dans lequel l'action doit être intentée.

« Si l'acheteur ne paie pas le prix, le demandeur peut demander la résolution de la vente (art. 1654). Ce texte est trop général pour permettre une distinction entre les deux classes de biens; aussi les auteurs et la jurisprudence repoussent-ils l'opinion de certains jurisconsultes qui ont prétendu que l'art. 1654 n'était pas applicable aux ventes mobilières (Cass. 7 avril 1835). Le droit de résolution est un droit réel, opposable non-seulement à l'acheteur, mais aussi aux tiers-acquéreurs ; mais lorsqu'il s'agira de meubles aliénés par l'acheteur, il arrivera fréquemment que le vendeur sera repoussé par les tiers qui pourront se prévaloir de l'art. 2279. L'art. 1655, qui autorise le juge à accorder un délai à l'acquéreur, lorsqu'il n'y a pas pour le vendeur danger de perdre la chose et le prix, ne parle que des immeubles; nous l'appliquerons aussi aux ventes mobilières, car ce n'est que la reproduction du principe général de l'art. 1184; seulement il arrivera moins souvent qu'on accorde un délai dans ce dernier cas; car il y aura toujours à craindre que l'acheteur n'aliéne les meubles à un tiers de bonne foi.

Au principe général et sans exception pour les immeubles que la résolution doit être prononcée en justice, l'art. 1657 apporte une restriction en matière de vente de denrées et effets mobiliers, lorsqu'il y a eu un terme convenu pour le retirement; dans ce cas spécial, la résolution de la vente aura lieu de plein droit et sans sommation au profit du vendeur, après l'expiration du terme. Cette annulation est facultative pour le vendeur, qui pourra, s'il le veut, forcer l'acheteur à l'exécution du marché.

Dans la matière de la vente à réméré, remarquons l'article 1666, d'après lequel « le vendeur à pacte de rachat, peut exercer son action contre un second acquéreur, quand même la faculté de réméré n'aurait pas été déclarée dans le second contrat. » Cette disposition recevra rarement son application en matière mobilière, car le plus souvent le tiers acquéreur sera protégé par l'art. 2279.

La rescision de la vente pour lésion de plus des sept douzièmes au préjudice du vendeur, n'a lieu que s'il s'agit d'immeubles (art. 1674). Si une vente comprend à la fois des meubles et des immeubles aliénés pour un seul et même prix, il faudra faire une ventilation, c'est-à-dire rechercher quelle est dans le prix total, la portion afférente aux immeubles, et voir si cette portion représente ou non les cinq douzièmes de leur valeur.

Que le bien soit meuble ou immeuble, il y a toujours lieu à licitation, à défaut de partage, et toujours aussi, il suffit qu'elle soit demandée par un seul des copropriétaires, quelque minime que soit sa part, sauf une exception pour les navires, dont la licitation ne peut être exigée que par un ou plusieurs copropriétaires, réunissant au moins la moitié de l'intérêt total (art. 220, C. de com.).

3° *Du louage.* — Le Code, après avoir dit que le louage des meubles s'appelle bail à loyer comme celui des maisons (art. 1711), après avoir dit qu'on peut louer toutes sortes de biens meubles ou immeubles (art. 1713), ne s'occupe dans le chapitre du louage des choses que des maisons et des biens ruraux, et néglige complétement le louage des meubles, dont il ne parle par hasard pour ainsi dire, que dans l'article 1757.

Nous n'appliquerons donc à cette espèce de bail les règles du chapitre II, qu'autant qu'elles seront conformes aux principes généraux en matière d'obligations conventionnelles et autant bien entendu que le comporte la nature différente des meubles et des immeubles. D'après cette idée, nous considérerons comme inapplicables en matière mobilière les dispositions tout exceptionnelles au point de vue de la preuve du bail, contenues dans les art. 1715 et 1716. Les art. 1429 et 1430, auxquels renvoie l'art. 1718 traitant de la capacité des administrateurs, ne visent textuellement que les immeubles ; les meubles d'ailleurs ne sont pas en général destinés à être loués, et si par hasard telle est leur destination, on devra s'en référer pour le mode de location, aux usages précédemment suivis L'art. 1733 prévoyant le cas d'incendie, contient une dérogation au droit commun, sur laquelle les auteurs ne sont pas d'accord; quelle qu'elle soit, nous ne l'appliquerons pas au bail de meubles. D'après l'art. 1736, quand le bail d'une maison est fait sans durée fixée, l'une des parties ne peut donner congé à l'autre qu'en observant les délais fixés par l'usage des lieux. Cette disposition ne sera pas applicable aux effets mobiliers, à l'égard desquels il y a généralement silence des usages locaux; chaque partie pourra faire cesser quand elle le voudra un bail illimité, pourvu bien entendu que l'avertissement soit donné avec un délai raisonnable, l'usage des lieux sera remplacé ici par l'appréciation des Tribunaux. Nous ferons cependant une restriction à l'égard d'une classe de meubles d'une nature spéciale qu'on assimile à certains égards aux immeubles, tels que les bains ou lavoirs sur bateaux, nous leur appliquerons l'art. 1736. La tacite réconduction peut être admise pour les meubles comme pour les immeubles, mais avec cette différence que nous venons de signaler dans le nouveau bail qui recommence sans durée fixée. L'article 1757 dans une hypothèse spéciale, assimile, au point de vue de la durée, le bail des meubles à celui des immeubles : « Le bail des meubles fournis pour garnir une maison entière, un corps de logis entier, une boutique ou tous autres appartements, est censé fait pour la durée ordinaire des baux de maisons, corps de logis, boutiques ou autres appartements, selon l'usage des lieux. » Cette présomption pourra tomber devant la preuve contraire résultant des circonstances.

D'après l'art. 1743, si le bailleur vend la chose louée, « l'acquéreur ne peut expulser le fermier ou le locataire qui a un bail authentique ou dont la date est certaine. » Cette disposition déroge au droit commun, *soluto jure dantis, solvitur jus accipientis*, et au principe d'après lequel l'acquéreur à titre particulier ne succède pas aux obligations de son auteur. Donc, d'après l'idée générale que nous avons émise au début de cette matière, nous ne l'appliquerons pas aux meubles. Il y a d'ailleurs ici un motif tout spécial pour nous décider, une raison historique. Le droit romain et l'ancien droit décidaient en principe que l'acquéreur pouvait expulser le preneur ; le droit intermédiaire avait fait une restriction à l'égard des biens ruraux (Décret du 18 sept. 6 oct. 1791 tit. 1, sect. 2, art. 2 et suiv.). Le Code a été plus loin; il a étendu en la développant, la dérogation, des biens ruraux aux maisons ; mais nous ne pouvons sans arbitraire aller plus loin que lui et décider qu'il y aura aussi exception au droit commun en ce qui concerne le bail des meubles.

Le bail à cheptel, c'est-à-dire celui des animaux dont le profit se partage entre le propriétaire et celui à qui il les confie, est régie par des dispositions spéciales contenues dans les art. 1800 et suivants.

4° *De la société, du prêt, du dépôt et du cautionnement.* — Dans le titre de la société, indiquons seulement l'art. 1838, aux termes duquel la société universelle de gains comprend les meubles que chacun des associés possède au temps du contrat; mais leurs immeubles personnels n'y entrent que pour la jouissance seulement.

Le commodat est-il applicable aux immeubles? Cette question ne me paraît pas douteuse en présence des termes de l'art. 1878 : « tout ce qui est dans le commerce »; telle était d'ailleurs l'opinion de Pothier d'où j'extrais ces quelques lignes : « Ce sont le plus communément les meubles qui sont l'objet du commodat ; on prête tous les jours un carrosse, un cheval, un livre, une tapisserie et autres choses semblables. Néanmoins les immeubles en peuvent aussi être l'objet; tous les jours un ami prête à son ami sa cave, son grenier, un appartement dans sa maison. » (Du prêt à usage, Ch. I, Sect. 2. Art. 2.)

Le prêt de consommation au contraire ne s'applique qu'à des choses mobilières.

Le Code dans le chapitre du prêt à intérêt traite des rentes perpétuelles, et en rapprochant les art. 1911 et 1912 de l'art. 530, nous voyons qu'il y a intérêt de distinguer si la rente a été constituée moyennant l'aliénation d'un capital immobilier ou d'un capital mobilier. En effet, 1° dans le premier cas on peut stipuler que le rachat n'aura pas lieu pendant un certain temps qui peut aller jusqu'à trente ans; dans le second cas ce délai ne peut excéder dix ans ; 2° dans le premier cas on peut régler les conditions du rachat, c'est-à-dire stipuler que le débiteur qui voudra se libérer de l'obligation de payer les arrérages, sera tenu de restituer tel ou tel capital dont les parties conviennent; ce règlement conventionnel sera toujours valable, à moins qu'il n'apparaisse que le créancier a voulu rendre le remboursement impossible, en exagérant le capital hors de toute limite. Dans le second cas au contraire, le capital à rembourser ne peut dépasser celui calculé sur le pied du taux légal ; toute convention qui y contreviendrait serait nulle comme usuraire. 3° Dans le premier cas le créancier, aux termes de l'art. 1184, peut exiger la restitution du capital, par cela seul que le débiteur a manqué de payer les arrérages d'une seule année ; dans le second cas au contraire, le crédi-rentier n'a ce droit que si le débiteur a cessé de remplir ses obligations pendant deux années (art. 1911). 4° Enfin le vendeur d'un immeuble moyennant une rente perpétuelle peut demander la rescision pour lésion de plus des sept douzièmes, ce qui n'existe pas si la rente est acquise moyennant l'aliénation d'un capital mobilier.

Le dépôt ne peut avoir pour objet que des choses mobilières (art. 1918). Le séquestre peut avoir pour objet non seulement des effets mobiliers, mais même des immeubles (art. 1956).

La solvabilité d'une caution, d'après l'art. 2019, ne s'estime qu'eu égard à ses propriétés foncières, excepté en matière de commerce ou lorsque la dette est modique. Les meubles ne sont pas pris en considération à cause de la grande facilité avec laquelle la caution peut les aliéner. C'est une idée analogue à celle qui a fait édicter l'art. 16, d'après lequel l'étranger demandeur en matière non commerciale, est tenu de donner caution pour le paiement des frais et dommages-intérêts résultant du procès, à moins qu'il ne possède en France des immeubles d'une valeur suffisante pour assurer ce paiement.

Dans la matière de la contrainte par corps remarquons sur l'art. 2059 qu'il n'y a stellionat qu'en matière immobilière.

5° *Du nantissement.* — Le nantissement est un contrat par lequel un débiteur remet une chose à son créancier pour sûreté de la dette (art. 2071). Le nantissement d'une chose mobilière s'appelle gage, celui d'une chose immobilière s'appelle antichrèse (art. 2072).

Avant de signaler les principales différences entre le gage

et l'antichrèse, écartons-en une, qu'on a voulu introduire sans fondement, selon nous. A la différence du créancier gagiste qui a un droit réel, l'antichrésiste, d'après plusieurs auteurs et divers arrêts, n'aurait qu'un droit personnel, opposable seulement à son débiteur. Mais cette opinion est généralement repoussée; en effet, d'après les art 2071 et 2072, l'antichrèse, comme le gage, est qualifiée de nantissement et a pour objet la sûreté de la dette; or, serait-il possible de dire que le créancier antichrésiste est réellement nanti ou qu'il a une sûreté, si son droit n'était opposable qu'au débiteur et pouvait disparaître par les aliénations qu'il plairait à ce dernier de faire au profit des tiers ? En vain argumente t-on des art. 2091 et 2085, le premier n'a en vue que les créanciers hypothécaires antérieurs à la constitution de l'antichrèse, et a en outre pour but, comme le second de repousser une opinion de l'ancien droit, rapportée par le nouveau Denisart, qui accordait un privilège à l'antichrésiste. Le système de la réalité, confirmé par la loi de 1838, qui a changé la rédaction de l'art. 446 du Code de commerce, a été adoptée par la cour de Cassation (31 mars 1851), et la question ne peut plus s'élever sérieusement depuis la loi de 1855, qui prescrit la transcription de l'antichrèse pour être opposable aux tiers; ce n'est donc pas seulement vis-à vis le débiteur que le droit de l'antichrésiste produit ses effets.

Ceci posé, examinons successivement les points principaux de dissemblance entre les deux espèces de nantissements. Et d'abord au point de vue de la constitution du droit réel à l'égard des tiers, le gage doit être constaté par écrit, lorsqu'il s'agit d'une valeur de plus de 150 francs (art. 2074).

L'antichrèse doit toujours être constatée par écrit (art. 2085); ce n'est que pour elle que la transcription est exigée.

La sûreté de l'antichrésiste réside surtout dans son droit réel de rétention, s'il l'abandonne, s'il consent à la vente de l'immeuble, il est assimilé aux créanciers chirographaires. Le créancier gagiste, outre son droit de rétention a un droit de préférence sur le prix du meuble (art. 2073). Il peut aussi, à défaut de paiement, faire ordonner par justice, que le gage lui demeurera en paiement et jusqu'à due concurrence, d'après une estimation faite par experts (art. 2078). Ce droit n'appartient pas à l'antichrésiste, et ne résulterait même pas pour lui d'une clause expresse du contrat; il doit poursuivre l'expropriation de son débiteur par les voies légales (art. 2088).

D'après l'art. 2082 2°, « s'il existe de la part du même débiteur envers le même créancier, une autre dette contractée postérieurement à la mise en gage et devenue exigible avant le paiement de la première dette, le créancier ne pourra être tenu de se dessaisir du gage, avant d'être entièrement payé de l'une et de l'autre dette, lors même qu'il n'y aurait eu aucune stipulation pour affecter le gage au paiement de la seconde. » On est généralement d'accord pour ne pas appliquer cette disposition exceptionnelle en matière d'antichrèse.

VI. Des priviléges et hypothèques. De l'expropriation forcée.

Les créances qui, d'après l'art. 2101, donnent un privilége général sur les meubles, donnent aussi, d'après l'art. 2104, un privilége général sur les immeubles. Mais il importe de distinguer entre les deux classes de biens ; en effet, le privilége de l'art. 2102 comprend tout ce qui est meuble aux yeux du législateur; celui de l'art. 2104, au contraire, ne s'applique pas à tous les immeubles; il ne porte que sur les immeubles susceptibles d'hypothèque (art. 2118). D'un autre côté, ce n'est que subsidiairement, et à défaut de mobilier, que le créancier peut exercer son droit de préférence sur les immeubles (art. 2105). Enfin, d'après le même article, lorsqu'il y a concours de créanciers privilégiés généraux et de privilégiés spéciaux sur les immeubles, ces derniers sont toujours primés par les premiers : si le même concours existe sur les meubles, la question est controversée, mais l'opinion dominante, à laquelle je me rallie complétement, fait passer en principe du moins, les priviléges spéciaux avant les priviléges généraux sur les meubles.

Les créanciers privilégiés sur les immeubles (sauf une exception en ce qui concerne le droit de préférence seulement, à l'égard des priviléges généraux art. 2107, 2166) doivent, pour faire produire effet à leurs priviléges, les rendre publics suivant les formes prescrites par les art. 2106 et suivants, 2166 et suivants. Ces formalités ne sont pas exigées en matière de priviléges mobiliers ; seulement, on pourrait considérer comme quelque chose d'analogue à cette publicité, la condition de possession nécessaire en matière de meubles, du moins pour les priviléges fondés sur une constitution expresse ou tacite de gage. L'art. 2279 domine la matière des priviléges mobiliers, comme celle de la propriété des meubles, l'art. 2102 en fait diverses applications; il n'y a rien de semblable pour les priviléges sur les immeubles.

Le privilége accordé par l'art. 2102 4° au locateur d'immeubles, ne sera pas donné au locateur de choses mobilières; cette question qui se présentera rarement et qui d'ailleurs ne peut pas faire de doute, a été ainsi résolue implicitement par un arrêt de Grenoble (10 févr. 1843).

Sans entrer dans des détails qui nous entraineraient hors des bornes que nous nous sommes tracées, comparons entr'eux quelques-uns des priviléges sur les meubles et sur les immeubles. Et d'abord l'art. 2103 2° accorde aux ouvriers un privilége sur les améliorations qu'ils ont faites à un immeuble. L'art. 2102 3° n'accorde de privilége en matière mobilière que « pour les frais faits pour la conservation de la chose. » Nous conclurons de ce dernier texte, quoiqu'on l'ait contesté, que la créance ayant pour cause l'amélioration d'un meuble, ne sera pas privilégiée ; si la loi accorde un privilége à l'ouvrier qui a créé une plus-value immobilière, ce n'est qu'à la condition d'accomplir avant et après les travaux certaines formalités rigoureuses, propres à faire reconnaître d'une manière certaine l'amélioration produite (art. 2110); or, l'observation de formalités équivalentes eût été généralement impossible pour les meubles ; la loi a donc sagement fait en refusant ici le privilége.

Ainsi que nous l'avons déjà vu, le nantissement d'un meuble donne au créancier un privilége ; il n'en est pas de même du nantissement d'un immeuble.

Comparons maintenant avec les art. 2102 4° et 2103 1° la position respective du vendeur non payé de meubles ou d'immeubles. Pour que le vendeur d'effets mobiliers puisse exercer son privilége, il faut en principe que l'acheteur les ait encore en sa possession. C'est l'application de l'art. 2279; concluons-en que le vendeur conservera son privilége contre le tiers acquéreur de mauvaise foi, et même contre celui de bonne foi s'il y a eu perte ou vol, et aussi contre le tiers acquéreur qui n'aura pas encore été mis en possession réelle ; il en sera de même si l'acheteur a donné le meuble en gage, mais bien entendu *salvo jure pignoris*, si le gagiste est de bonne foi.

Le privilége du vendeur d'effets mobiliers s'éteindra si ces objets sont transformés en immeubles par leur nature ; mais en principe il subsistera s'il y a seulement immobilisation par destination, à moins que le vendeur ne se trouve en présence de créanciers hypothécaires qui ont droit à toutes les améliorations de la chose, art. 2133 (Cass. 22 janvier 1833).

Lorsqu'il s'agit d'un immeuble, il n'y a pas à faire toutes les distinctions ci-dessus, que l'immeuble soit dans les mains de l'acheteur ou d'un tiers, le vendeur exerce son privilége, pourvu qu'il ait rempli les conditions de publicité exigées par la loi (art. 2108, L. de 1855).

Les art. 1184 et 1654 accordent au vendeur une action en résolution pour défaut de paiement du prix. L'art. 2102 4° décide que : « si la vente d'effets mobiliers a été faite sans terme, le vendeur peut les revendiquer tant qu'ils sont en la possession de l'acheteur et en empêcher la revente, pourvu que la revendication soit faite dans la huitaine de la livraison, et que ces effets se trouvent dans le même état dans lequel cette livraison a été faite. » On a beaucoup discuté sur la nature de ce droit de revendication ; les uns n'y ont vu que l'exercice de l'action en résolution ; d'autres ont dit que c'était la revendication de la possession de l'objet vendu. Quelle que soit l'opinion que l'on admette à cet égard, il y aura ici quelque chose de spécial aux meubles.

Avant de quitter les priviléges, disons un mot de la séparation des patrimoines dont il est question dans l'art. 2111. Aux termes des art. 878 et suivants, trois conditions sont exigées pour demander la séparation des patrimoines au point de vue des meubles; il faut : 1° qu'on n'ait pas accepté l'héritier pour débiteur; 2° qu'on exerce ce droit dans le délai de trois ans; 3° que les meubles n'aient pas été aliénés par l'héritier. De ces trois conditions, la première et la dernière sont seules exigées pour les immeubles au titre des successions. L'art. 2111 n'apporte aucune modification à la séparation des patrimoines en ce qui concerne les meubles; mais il en est tout autrement pour les immeubles. A ce dernier égard les opinions sont bien divergentes; sans entrer dans les détails de cette question très délicate, je crois que l'article 2111 n'a pas converti la séparation des patrimoines en un simple privilége, et que par suite l'art. 879 doit être appliqué aussi bien pour les immeuble que pour les meubles; mais d'autre part je n'appliquerai pas aux immeubles la seconde disposition de l'art. 880, et je pense que les créanciers héréditaires inscrits avant la transcription de l'aliénation faite par l'héritier, pourront suivre l'immeuble dans les mains du tiers-détenteur.

Si des priviléges nous passons aux hypothèques, la différence entre les deux classes de biens est beaucoup plus radicale. En effet de la combinaison des art. 2114 et 2118, il résulte que l'hypothèque ne peut être établie que sur certains biens immobiliers. L'art. 2119 exclut les meubles de l'hypothèque dans une formule qui pourrait paraître ambiguë, si l'histoire ne nous en donnait le sens. En effet dans l'ancien droit certaines coutumes admettant l'hypothèque des meubles, au point de vue du droit de préférence, disaient : « Les meubles n'ont pas de suite par hypothèque. » Dans la plupart des coutumes au contraire, on n'admettait l'hypothèque mobilière à aucun point de vue et cependant on employait cette même formule, que le Code a eu tort de reproduire, car elle est inutile en présence des art. 1124 et 2118, et elle pourrait même être dangereuse, car elle pourrait tromper l'interprète sur le vrai sens de la loi. Il n'y a du reste pas de discussion à cet égard.

Ainsi certains immeubles sont seuls susceptibles d'hypothèque et les meubles ne le sont jamais. Nous ne nous étendrons pas davantage sur cette matière qui ne s'applique qu'aux immeubles.

L'expropriation forcée ne s'applique qu'aux immeubles (à ceux susceptibles d'hypothèques art. 2204) ; aussi le Code de procédure la qualifie-t-elle de saisie immobilière. Remarquons l'art. 2206, aux termes duquel « les immeubles d'un mineur, même émancipé ou d'un interdit ne peuvent être mis en vente, avant la discussion du mobilier. » Le législateur veut autant que possible la conservation des immeubles dans le patrimoine.

En se reportant au Code de procédure on verra que les formes de la saisie immobilière sont bien plus compliquées que celles qui concernent les diverses saisies d'objets mobiliers (C. de pr. art. 557 et s. — 673 et s. L. du 21 mai 1858). C'est toujours un vestige de cette idée que la propriété des immeubles est plus que tout autre digne de protection.

Ainsi que nous l'avons annoncé en commençant, nous n'avons passé en revue que les matières traitées par le Code Napoléon, et, quoique nous n'ayons fait qu'effleurer bien des points, le sujet était déjà assez vaste. Nous ne pouvons cependant terminer ce travail sans renvoyer à la loi du 22 frimaire de l'an VII et autres lois fiscales dans lesquelles se fait à chaque instant sentir l'importance de la distinction des biens en meubles et immeubles.

POSITIONS.

DROIT ROMAIN.

I. La rescision de la vente pour cause de lésion a lieu aussi bien en matière mobilière qu'en matière immobilière.

II. Quand la propriété est attribuée au spécificateur, c'est à titre d'occupation,

III. Sous les jurisconsultes classiques, le possesseur de bonne foi gagne définitivement les fruits, dès l'instant de la séparation.

IV. Dans le dernier état du droit romain l'interdit *unde vi* s'appliquait aux meubles comme aux immeubles.

V. La possession de long temps pouvait s'appliquer, sous les jurisconsultes classiques, même aux fonds italiques et aux meubles.

VI. La règle, *animo retinetur possessio* n'est vraie qu'en matière immobilière et doit être entendue avec certaines restrictions.

DROIT FRANÇAIS.

DROIT CIVIL.

I. La succession mobilière d'un étranger est régie par la loi de son domicile.

II. L'art 1743 ne s'applique pas au locataire de meubles.

III. Sous le régime dotal la femme autorisée par son mari peut aliéner sa dot mobilière.

IV. La revendication accordée par l'art. 2102 4° du Code Nap. au vendeur non payé d'effets mobiliers, n'a d'autre objet que de réintégrer le vendeur dans la possession de ces effets et n'anéantit pas le contrat de vente.

V. En principe les aliénation faites *non ex necessitate* par l'héritier apparent ne sont pas opposables à l'héritier véritable qui a fait reconnaître son droit.

VI. L'époux reste propriétaire de ses propres mobiliers, sauf certaines exceptions.

DROIT COMMERCIAL.

I. Le commanditaire qui a fait un acte de gestion peut, comme un associé en nom, être déclaré en faillite.

II. La remise faite par concordat n'est pas sujette à rapport.

DROIT CRIMINEL.

I. L'accusé acquitté par le jury ne peut pas être poursuivi, à raison du même fait, devant le tribunal correctionnel.

II. L'homicide et les blessures qui sont le résultat d'un duel tombent sous l'application de la loi pénale.

DROIT DES GENS.

I. Les tribunaux français sont compétents pour connaître des crimes et délits commis à bord d'un navire de commerce étranger, amarré dans un port français, même entre gens de l'équipage, lorsque le crime ou délit a troublé la tranquillité de ce port.

II. Un Français créancier d'un gouvernement étranger peut former en France une saisie-arrêt sur les fonds appartenant à ce gouvernement.

HISTOIRE DU DROIT.

I. La théorie, d'après laquelle les Parlements se prétendaient les successeurs des Conseils du roi, avait un côté vrai et un côté faux.

II. Les *catteux* ne sont considérés comme meubles que dans les cas marqués par les coutumes; en tout autre cas la fiction cesse et ils sont regardés comme de vrais immeubles.

Vu par le président de la thèse,
FRÉDÉRIC **DURANTON.**

Vu par le doyen de la Faculté,
C. A. PELLAT.

Permis d'imprimer :

Le vice-recteur,
ARTAUD.

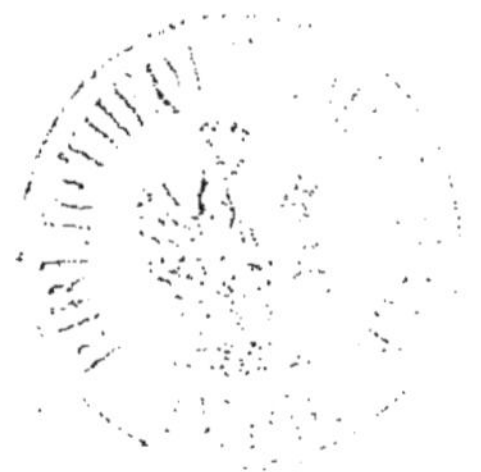

www.ingramcontent.com/pod-product-compliance
Ingram Content Group UK Ltd.
Pitfield, Milton Keynes, MK11 3LW, UK
UKHW020145220726
13923UKWH00001B/381